Annabel Karmel

Gesund und lecker: Kochen für Babys und Kleinkinder

Buch

Was schmeckt meinem Baby und was braucht es für seine gesunde Entwicklung? Annabel Karmels Standardwerk, vollständig überarbeitet und erweitert, bringt über 200 gesunde, leckere, einfach zubereitete Gerichte auf den Tisch. Vom Babybrei bis zum Kindermenü, vom kompetenten Rat in Sachen »schlechter Esser« bis zum Thema Übergewicht: Mit diesem Buch sind alle Eltern rundum gut beraten.

Autorin

Annabel Karmel ist *die* Expertin für Ernährung von Babys und Kleinkindern. Sie hat sich seit Jahrzehnten international einen Namen gemacht und mehrere Bestseller zu diesem Thema veröffentlicht. Sie tritt regelmäßig im britischen Radio und Fernsehen auf und schreibt für diverse Zeitungen und Magazine.

Annabel Karmel
Gesund und lecker:
Kochen für Babys und Kleinkinder

Über 200 einfache Rezepte

Aus dem Englischen
von Gabriele Zelisko

GOLDMANN

Alle Ratschläge in diesem Buch wurden von der Autorin und vom Verlag sorgfältig
erwogen und geprüft. Eine Garantie kann dennoch nicht übernommen werden.
Eine Haftung der Autorin beziehungsweise des Verlags und seiner Beauftragten für
Personen-, Sach- und Vermögensschäden ist daher ausgeschlossen.

Sollte diese Publikation Links auf Webseiten Dritter enthalten,
so übernehmen wir für deren Inhalte keine Haftung,
da wir uns diese nicht zu eigen machen, sondern lediglich auf
deren Stand zum Zeitpunkt der Erstveröffentlichung verweisen.

Verlagsgruppe Random House FSC® N001967

Dieses Buch ist auch als E-Book erhältlich.

1. Auflage
Deutsche Erstausgabe April 2018
© 2018 Wilhelm Goldmann Verlag, München,
in der Verlagsgruppe Random House GmbH,
Neumarkter Str. 28, 81673 München
© 2016 der Originalausgabe Eddison Books 2016, Text copyright © 1991,
1998, 2001, 2004, 2007, 2010, 2016 Annabel Karmel
Fotos © Dave King 2007, 2010 und 2016, außer Seite 177 © Annabel Karmel 2010
Illustrationen: Nadine Wickenden
Originaltitel: Annabel Karmel's New Complete Baby & Toddler Meal Planner
Originalverlag: Eddison Books, London
Umschlaggestaltung: Uno Werbeagentur, München
Umschlagmotiv: Getty Images, Echo; Illustrationen Innenklappen: Nadine Wickenden
Redaktion: Print Company Verlagsgesellschaft m.b.H., Wien
Satz: Uhl + Massopust, Aalen
Druck und Bindung: Litotipografia Alcione srt., Trento
Printed in Italy
CH · Herstellung: CB
ISBN 978-3-442-17710-3
www.goldmann-verlag.de

Besuchen Sie den Goldmann Verlag im Netz:

INHALT

Einleitung 6

Die besten ersten Nahrungsmittel
für Ihr Baby 8

Die erste Beikost 24

Sieben bis neun Monate 56

Neun bis zwölf Monate 106

Kleinkinder 162

Beikost-Fahrplan für die
ersten 12 Monate 226

Register 233
Dank 240

EINLEITUNG

Es ist für alle Eltern ein wichtiger Einschnitt, wenn das Baby allmählich an feste Kost gewöhnt werden soll. Und es kann schnell Verunsicherung entstehen, wenn unterschiedliche Meinungen und Ratschläge von Freunden und Verwandten, aus Elternforen im Internet oder in Social Media und aus Zeitschriften aufeinandertreffen.

Womöglich haben Sie ohnehin bereits Schuldgefühle, weil Sie etwas früher als empfohlen mit Beikost begonnen haben. Nach zwei Wochen mit geschmacksfreien Baby-Reisflocken spielen Sie mit dem Gedanken, den Schritt ins Ungewisse zu wagen und ganz mutig ein paar Karotten zu pürieren. Aber enthalten diese vielleicht Nitrate? Sollte es Bioware sein? Und ist es besser, sie in Wasser oder über Dampf zu garen? Sollten Sie die nächsten drei Tage lang bei den Karotten bleiben und auf allergische Reaktionen achten, bevor Sie etwas anderes versuchen? Und so weiter …

Müssen Eiswürfelbehälter sterilisiert werden, wenn man kleine Portionen darin einfrieren möchte? Kann man die Würfel in der Mikrowelle auftauen? Und bisher sprechen wir nur von Gemüse. Wann können Sie Ihrem Baby unbesorgt Fisch, Hähnchen oder Fleisch anbieten? Wie viel davon darf es essen? Ehe Sie sichs versehen, wird Ihr Baby ein einziges großes Rätsel.

Wie viele Ammenmärchen haben Sie schon zu hören bekommen? Lassen Sie bestimmte Lebensmittel wie zum Beispiel Eier weg, ohne zu wissen warum? Überall gibt es gute Ratschläge, doch für die meisten von ihnen gibt es keine wissenschaftlich fundierte Begründung.

Lebenslange Essgewohnheiten und Vorlieben (gute wie schlechte) werden in der Kindheit ausgeprägt. Ein Baby wächst nie mehr so schnell wie im ersten Lebensjahr, und es bleibt nur ein Zeitfenster von sechs bis zwölf Monaten, um die Entwicklung der Geschmacksknospen zu beeinflussen. Das ist die ideale Zeit, um es mit vielen verschiedenen Geschmacksnoten und Konsistenzen bekannt zu machen. Fleisch, Geflügel und Fisch sind wichtige Etappen im ersten Jahr, und Sie sollten früh anfangen, Essen nur noch zu zerdrücken und klein zu schneiden, um Ihr Baby an das Kauen zu gewöhnen. Wenn Sie Ihr Kind von Anfang an mit einer Vielzahl an frischen Nahrungsmitteln bekannt machen, wird es viel einfacher sein, später zu den Familienmahlzeiten überzugehen. Andernfalls könnte es sein, dass Ihr Kind zu einem heiklen Esser wird.

In den letzten 25 Jahren ist dieses Kochbuch dank millionenfacher Empfehlungen zum Standardwerk geworden. Ich freue mich, dass ich nun auch Ihnen mit Rat zur Seite stehen kann. Ich zeige Ihnen, wie Sie ihr Baby in allen Entwicklungsstufen richtig ernähren, welche Pseudoweisheiten Sie vergessen können, und beantworte die häufigsten Fragen.

Mit den leicht zu befolgenden Speiseplänen, Tipps und Schritt-für-Schritt-Anleitungen werden Sie sich bald sicher fühlen und für Ihr Baby schmackhafte, nährstoffreiche Mahlzeiten zubereiten, die alles enthalten, was es für einen gesunden Start braucht.

Ich schrieb die erste Fassung dieses Buches 1991, nachdem mein erstes Kind, Natasha, an einer seltenen Viruserkrankung gestorben war. Der frühe Tod meiner Tochter sollte einen Sinn haben, also beschäftigte ich mich viele Jahre lang mit der Ernährung von Kindern, befragte führende Experten auf diesem Gebiet und ließ die Rezepte von Babys und Kleinkindern testen. Inzwischen ist es weltweit zu einem Bestseller geworden und wurde in mehr als 25 Sprachen übersetzt. Diese Jubiläumsausgabe enthält alle wichtigen Ernährungshinweise und neue Rezepte. Die Rezeptklassiker, die schon von Anfang an enthalten sind, wurden überarbeitet. Das alles ist garniert mit schönen Illustrationen und Fotos.

Mir hat es großen Spaß gemacht, dieses Buch zu schreiben, und ich hoffe, Sie und Ihr Baby haben ebenso großen Spaß, es zu benutzen. Machen wir uns gemeinsam auf die Reise!

Annabel Karmel

Die besten ersten Nahrungsmittel für Ihr Baby

Die Weltgesundheitsorganisation (WHO) empfiehlt, ein Baby bis zum Beginn des sechsten Lebensmonats voll zu stillen. Bis dahin brauche es nichts anderes als Muttermilch oder Säuglingsmilch. Einige Studien belegen, dass erst zu diesem Zeitpunkt das Verdauungssystem genügend ausgereift ist. Tatsache ist aber auch, dass sich Babys unterschiedlich entwickeln. Falls Sie den Eindruck haben, Beikost wäre für Ihr Kind schon früher gut, fangen Sie mit einfachen festen Lebensmitteln an. Warten Sie mit der Beikost aber in jedem Fall bis zum Endes des vierten Monats (17 Wochen), früher wäre das Verdauungssystem des Babys noch überfordert.

Achten Sie auf Zeichen Ihres Babys, dass es für Beikost bereit ist. Es sollte folgende Fähigkeiten beherrschen, wenn Sie mit festen Speisen beginnen wollen:

✱ aufrecht sitzen und den Kopf stabil halten,
✱ Augen, Hände und Mund koordinieren, sodass es eine Speise ansehen, in die Hand nehmen und zum Mund führen kann,
✱ das Essen schlucken; Babys, die das noch nicht können, schieben das Essen mit der Zunge wieder aus dem Mund, dann bleibt mehr um den Mund herum hängen, als tatsächlich aufgenommen wird.

In der Regel können Eltern das selbst am besten beurteilen. Falls Sie Zweifel haben, sprechen Sie mit Ihrem Kinderarzt. Bedenken Sie dabei unbedingt, dass Saugen ein natürlicher Reflex ist, Schlucken hingegen nicht, und viele Babys schieben erst einmal die Zunge nach vorne, wenn sie die erste feste Nahrung bekommen. Auch die Hand-Augen-Koordination muss sich erst entwickeln. Lassen Sie Ihr Baby das so früh wie möglich üben, indem Sie Breie mit weichem Fingerfood kombinieren.

Milch ist immer noch das Hauptnahrungsmittel

Wenn Sie anfangen, Ihrem Baby Beikost zu geben, sollten Sie daran denken, dass Milch immer noch das natürlichste und gesündeste Nahrungsmittel für Babys ist und alle Nährstoffe enthält, die Ihr Baby braucht, um sich gut zu entwickeln. Ich rate Müttern grundsätzlich zum Stillen. Abgesehen von dem emotionalen Gewinn enthält die Muttermilch Antikörper, die Säuglinge vor Infektionen schützen. Die Antikörper im Kolostrum, der Vormilch, das ist die Muttermilch, die in den ersten Tagen nach der Geburt produziert wird, sind für den Aufbau des kindlichen Immunsystems von großer Bedeutung. Schon allein aus diesem Grund hat es enorme Vorteile, ein Baby zu stillen, selbst wenn es nur für eine Woche ist. Außerdem ist medizinisch erwiesen, dass Babys, die gestillt wurden, auch im späteren Leben weniger anfällig für bestimmte Krankheiten sind.

Falls in Ihrer Familie Allergien bekannt sind, ist es am besten, sechs Monate voll zu stillen und erst dann mit Beikost zu beginnen.

Babys sollten im ganzen ersten Jahr nur Muttermilch oder Säuglingsmilch bekommen. Im Alter von sechs Monaten bis zu einem Jahr braucht ein Baby täglich 500 bis 600 ml Muttermilch oder Säuglingsmilch. Nicht geeignet sind Kuhmilch, Ziegenmilch oder Schafmilch, da diese nicht genügend Eisen und andere Nährstoffe enthalten, die Ihr Baby für gesundes Wachstum braucht.

Sobald Ihr Baby sechs Monate alt ist, können Sie Kuhmilch mit vollem Fettgehalt zum Kochen oder für Getreidebreie verwenden, Hauptgetränk sollte bis zu einem Jahr aber weiterhin Muttermilch oder Säuglingsmilch bleiben.

Joghurt, Frischkäse und Käse können Sie einführen, sobald Ihr Kind Obst und Gemüse akzeptiert. Sie sind bei Babys im Allgemeinen sehr beliebt. Wählen Sie immer Produkte mit vollem Fettgehalt und keine Magermilchprodukte, da Babys die Kalorien zum Wachstum brauchen.

Biologische Lebensmittel

Biologisches Obst und Gemüse werden ohne den Einsatz von chemischen Substanzen wie Pestiziden und künstlichen Düngestoffen produziert. Dennoch ist derzeit nicht wissenschaftlich nachweisbar, dass der Pestizidgehalt in konventionellen Produkten für Babys und Kinder schädlich ist, doch manche Mütter gehen das Risiko lieber nicht ein. Obst und Gemüse aus biologischem Anbau belasten die Umwelt weniger, sind dafür aber auch teurer. Ob Sie dafür etwas mehr ausgeben möchten, müssen Sie selbst entscheiden.

Wichtige Nährstoffe

Eiweiß

Eiweiß aus der Nahrung wird für das Wachstum und für Reparaturmechanismen unseres Körpers benötigt, überschüssige Mengen tragen zur Energieversorgung bei (oder werden als Fett eingelagert). Protein besteht aus verschiedenen Aminosäuren. Bestimmte Lebensmittel (Fleisch, Fisch, Sojabohnen und Milchprodukte einschließlich Käse) enthalten alle wichtigen Aminosäuren, andere (Getreide, Hülsenfrüchte, Nüsse und Saaten) sind wertvolle Proteinquellen, liefern aber nicht alle essentiellen Aminosäuren.

Kohlenhydrate

Kohlenhydrate und Fette sind die wichtigsten Energiequellen für unseren Körper. Es gibt zwei Arten von Kohlenhydraten, Zucker und Stärke (die in komplexer Form Faserstoffe bildet). Beide gibt es in natürlicher und raffinierter Form. Die natürliche Form ist die gesündere und beste für das Baby.

Fette

Fette sind die konzentrierteste Energiequelle, und Babys haben einen höheren Fettbedarf als Erwachsene. Energiereiche Lebensmittel wie Käse, Fleisch und Eier sind nötig, um das schnelle Wachstum und die rasante Entwicklung zu unterstützen. Fett liefert auch über 50 Prozent des Energiegehalts in der Muttermilch. Das Problem ist, dass viele Menschen zu viel Fett und die falschen Fette essen.

Es gibt zwei Arten von Fetten. Bei gesättigten Fetten (bei Zimmertemperatur fest) handelt es sich hauptsächlich um tierische Fette oder um künstlich gehärtete Fette, wie sie in Kuchen, Keksen und Margarine Verwendung finden, ungesättigte Fette sind bei Zimmertemperatur flüssig und pflanzlichen Ursprungs. Die gesättigten Fette sind die ungesünderen und können im fortgeschrittenen Alter einen zu hohen Cholesterinspiegel und dadurch Herz-Kreislauf-Erkrankungen verursachen.

Mindestens in den ersten beiden Lebensjahren sollten Sie Ihrem Kind Vollmilch geben. Zum Kochen sollten Sie möglichst wenig Fett verwenden und Butter und Margarine nur in Maßen einsetzen. Reduzieren Sie den Anteil gesättigter Fette in der Ernährung Ihres Kindes, indem Sie fettere Fleischsorten und fettreiches Hackfleisch oder Würste einschränken und durch mageres dunkles Fleisch, Hähnchen oder fettreichen Fisch ersetzen.

Essentielle Fettsäuren sind für die Entwicklung der Intelligenz und des Sehvermögens wichtig. Zwei der essentiellen Fettsäuren sind Omega-6-Fettsäuren aus Ölsaaten wie Sonnenblumenkernen, Färberdistel oder Mais und Omega-3-Fettsäuren aus fettem Fisch wie Lachs, Forelle, Sardine oder frischem Thunfisch (nicht in Dosenthunfisch enthalten). In der Regel nehmen wir genügend Omega-6-Fettsäuren zu uns, aber zu wenig vom Typ Omega-3. Achten Sie deshalb unbedingt darauf, dass Ihr Baby ab dem Alter von sechs Monaten fetthaltigen Fisch wie Lachs auf dem Speiseplan hat.

Zucker

Versuchen Sie, im ersten Jahr auf raffinierten Zucker zu verzichten. Sie können die Babynahrung mit Obst oder Obstsäften auf natürliche Weise süßen.

Vitamine

Die meisten Babys, die bis zum Alter von einem Jahr frische Lebensmittel in ausreichender Menge und Säuglingsnahrung bekommen, brauchen keine zusätzlichen Vitamine. Allerdings wird empfohlen, Babys, die gestillt werden (Muttermilch enthält nicht genügend Vitamin D) oder weniger als 500 ml Säuglingsnahrung täglich trinken, im Alter von sechs Monaten bis zu zwei Jahren Vitaminpräparate zu geben. Sprechen Sie darüber mit Ihrem Kinderarzt.

Vegan ernährte Kinder sollten bis zum Alter von zwei Jahren mindestens 600 ml angereicherte Sojamilch täglich trinken, dann brauchen sie keine weiteren Nahrungsergänzungen. Bei Kindern zwischen sechs Monaten und zwei Jahren, die keine 500 ml angereicherte Babymilch oder Sojamilch täglich zu sich nehmen, besteht in erster Linie ein Mangel an Vitamin A und D.

Vitamine sind für die Entwicklung von Gehirn und Nervensystem notwendig. Eine gut ausgewogene Ernährung sollte alle Nährstoffe enthalten, die Ihr Kind braucht. Auch zu viele Vitamine können schädlich sein, doch Kinder, die heikle Esser sind, profitieren von einem speziell für Kinder zusammengestellten Multi-Vitamin-Präparat.

Hier ist Vorsicht geboten

Die meisten Nahrungsmittelallergien werden von nur wenigen Lebensmitteln und Milchprodukten ausgelöst (siehe Kasten Seite 13). Es gibt keinerlei Nachweise, dass die Wahrscheinlichkeit von Allergien sinkt, wenn Beikost oder möglicherweise allergene Lebensmittel erst später als im Alter von vier bis sechs Monaten eingeführt werden. Und wenn Sie Ihrem Baby von sechs bis neun Monaten möglichst abwechslungsreiche Kost geben, einschließlich eventuell bedenklicher Produkte wie Eier und Fisch, steigt dadurch die Wahrscheinlichkeit nicht, dass es eine Allergie entwickeln könnte.

Sind in Ihrer Familie Nahrungsmittelallergien bekannt oder leidet ihr Baby unter Neurodermitis, sollten Sie vorsichtig sein und möglicherweise allergene Lebensmittel der Reihe nach ausprobieren und beobachten, ob sich eine Reaktion einstellt. Bei schwerer Neurodermitis könnte es ratsam sein, einen Allergietest zu machen, bevor Sie mit Beikost beginnen, um eventuelle Allergien gleich von Anfang an zu berücksichtigen.

Nahrungsmittelallergien können sich bei Babys auf zweierlei Arten bemerkbar machen. Allergien vom Soforttyp zeigen sich in unmittelbar auftretenden juckenden Stellen, Schwellungen und in seltenen Fällen in Atembeschwerden. Allergien vom verzögerten Typ können als Neurodermitis, Reflux, Koliken oder Durchfall auftreten. Hier kann es schwierig sein, bestimmte Lebensmittel (meist Milch) als Ursache ausfindig zu machen, da sich die Symptome erst später zeigen. Von Beeren verursachte Rötungen entstehen meist nur bei Babys mit Neurodermitis. Ursache ist eine Reizung der Haut um den Mund des Babys durch die Fruchtsäure. Meist ist das keine echte Allergie, und das Baby kann weiter Beeren essen.

Diese Lebensmittel können Allergien auslösen

* Kuhmilch und Milchprodukte
* Eier
* Nüsse (auch Erdnüsse)
* Fisch und Schalentiere
* glutenhaltige Getreidesorten
* Kiwi
* Sesamsaaten

Wasser

Ohne Nahrung kann ein Mensch eine ganze Weile überleben, ohne Wasser jedoch nur wenige Tage. Babys verlieren über ihre Nieren und die Haut schneller Wasser als Erwachsene, insbesondere bei Erbrechen und Durchfall. Daher müssen Sie unbedingt darauf achten, dass Ihr Baby nicht austrocknet. Sorgen Sie dafür, dass es wirklich genügend Flüssigkeit zu sich nimmt. An heißen Tagen ist kühles, abgekochtes Wasser am besten, weil es den Durst schneller löscht als gezuckerte Getränke. Geben Sie Ihrem Baby kein Mineralwasser, da es hohe Konzentrationen an Mineralsalzen enthalten kann, die für Babys ungeeignet sind.

Ein Säugling braucht nichts anderes zu trinken als Milch oder, wenn er nur Durst hat, einfach Wasser. Obstsäfte, Limonaden und gesüßte Kräutertees schaden den Zähnen. Lassen Sie sich nicht vom Aufdruck

»Dextrose« irreführen – auch das ist eine Art Zucker.

Wenn Ihr Baby kein Wasser trinken will, geben Sie ihm ungesüßten Baby-Saft oder frischen, naturreinen Obstsaft. Verdünnen Sie diesen nach Anweisung oder nehmen Sie auf einen Teil Saft drei Teile Wasser.

Das Problem mit Allergien

Nahrungsmittelallergien entstehen, wenn das Immunsystem durcheinandergerät und der Körper auf Proteine aus der Nahrung reagiert, die für die meisten Menschen völlig harmlos sind. Er setzt dann die chemische Substanz Histamin frei, die Symptome auslöst, die wir als Allergien bezeichnen. Solche sind Hautrötungen, Schwellungen, Erbrechen und/oder Durchfall.

Falls in Ihrer Familie Allergien oder atopische Erkrankungen wie Heuschnupfen oder Asthma bekannt sind, ist die Wahrscheinlichkeit größer, dass Ihr Baby ebenfalls eine Allergie entwickelt. Nahrungsmittelallergien treten auch häufig bei Babys auf, die unter ausgeprägter Neurodermitis leiden.

Bei Familien, in denen noch keine Allergien aufgetreten sind, besteht ein sehr geringes Risiko, dass ein Baby allergische Reaktionen zeigen könnte (nur etwa sechs Prozent).

Nach aktuellem Stand der Wissenschaft sollten Babys ab dem Alter von vier bis sechs Monaten feste Kost erhalten, darunter auch allergene Lebensmittel. Sind in der Familie bereits Allergien oder atopische Krankheiten wie Heuschnupfen oder Asthma aufgetreten, besteht ein erhöhtes Allergierisiko für Ihr Baby. Bevor Sie bedenkliche Lebensmittel einführen, sollten Sie mit Ihrem Kinderarzt darüber sprechen. Vielleicht legen Sie zwischen der Einführung verschiedener potenziell allergener Lebensmittel immer ein oder zwei Tage Pause ein. Allerdings sinkt dadurch die Wahrscheinlichkeit einer Nahrungsmittelallergie nicht. Und streichen Sie Grundnahrungsmittel wie Milch oder Weizen nicht ohne Rücksprache mit dem Kinderarzt aus dem Speiseplan.

Allergien gegen Milch und Eier legen sich meist im Alter von vier bis fünf Jahren, manche Allergien können allerdings länger anhalten. Allergien gegen Nüsse, Fisch und Schalentiere nehmen mit zunehmendem Alter eher nicht ab. Scheuen Sie sich nicht, mit dem Baby zum Arzt zu gehen, wenn Sie das Gefühl haben, etwas könnte nicht stimmen. Bei Säuglingen ist das Immunsystem noch nicht voll ausgereift, daher können sie sehr schnell krank werden, und es können sich schwerwiegende Komplikationen einstellen, wenn sie nicht rechtzeitig behandelt werden.

Laktoseintoleranz

Erblich bedingte Laktoseintoleranz entwickelt sich in der frühen Kindheit, Säuglinge sind davon noch nicht betroffen. Dass ein Baby mit einer voll ausgebildeten Laktoseintoleranz geboren wird, kommt so gut wie nicht vor, und manche Fachärzte sind der Meinung, eine solche existiere überhaupt nicht. Laktoseintoleranz tritt bei Kleinkindern meist infolge einer Magenverstimmung auf, in deren Verlauf die Darmschleimhaut anschwillt und die Produktion des Enzyms Laktase zurückgeht. Die Folge sind Durchfall und Blähungen. Dies ist allerdings nach einigen Wochen überstanden und ist nicht zu verwechseln mit einer Milcheiweiß-Allergie. Wird Ihr Baby gestillt, bleiben Sie dabei. Bekommt es Säuglingsnahrung, sollten Sie einige Wochen lang auf ein laktosefreies Produkt umstellen und danach wieder auf die normale Nahrung zurückgreifen. Sojamilch enthält keine Laktose, wird aber wegen des hohen Östrogengehalts nicht für Babys unter sechs Monaten empfohlen.

Eine Überempfindlichkeit gegen Laktose (Milchzucker) ist keine Allergie, sondern ein Enzymdefekt – Laktose, der in der Milch enthaltene Zucker, kann nicht richtig verdaut werden, weil die Milchzucker-spaltenden Enzyme (Laktase) nicht zur Verfügung stehen. Dieser Enzymdefekt wird oft vererbt, insbesondere bei Personen mit dunklerer Haut, und macht sich erst bei größeren Kindern bemerkbar.

Die Beschwerden treten meist etwa 30 Minuten nach dem Verzehr von Milchprodukten ein und äußern sich in Form von Blähungen und Durchfall. In einem solchen Fall verzichtet man am besten auf Lebensmittel mit hohem Laktosegehalt wie Vollmilch, Sahne oder Weichkäse.

Es gibt auch Käsesorten und Joghurts mit geringem Laktosegehalt, die keine Probleme verursachen. In den meisten Supermärkten gibt es eine Auswahl solcher Produkte. Laktoseintoleranz, die erst eintritt, wenn ein Kind schon größer ist, hält meist ein Leben lang an.

Allergie gegen Kuhmilch

Wurde bei Ihrem Baby eine Allergie gegen Kuhmilch festgestellt und Sie füttern es mit der Flasche, wird Ihnen der Kinderarzt wahrscheinlich hypoallergene Babynahrung empfehlen. Für diese spezielle Babynahrung wird das Milcheiweiß in kleine Peptide gespalten, die leichter verdaulich sind. Damit sinkt die Wahrscheinlichkeit, dass die Proteine aus der Kuhmilch eine Allergie auslösen. Stillen Sie noch, sollten Sie auf Milch und Milchprodukte verzichten und Ihren Kalziumbedarf anderweitig decken.

Die meisten dieser Spezialnahrungen schmecken nicht besonders gut, aber wenn Sie damit beginnen, bevor das Baby sechs Monate alt ist, gibt es in der Regel keine Probleme.

– Sojamilch könnte eine Alternative sein, allerdings wird sie von Fachleuten erst für Babys ab sechs Monaten empfohlen. Manche Babys zeigen auf Sojamilch die gleichen allergischen Reaktionen wie auf Kuhmilch.

Eier
Ganze Eier, also auch den Dotter, können Sie als Beikost füttern, wenn sie gut durchgegart sind. Achten Sie beim Einkauf auf höchste Qualität.

Obst
Manche Kinder vertragen keine Zitrusfrüchte oder Tomaten. Allerdings sind Allergien gegen Tomaten, Zitrusfrüchte und Beeren äußerst selten. Rötungen um den Mund sind Hautreizungen, die von der Fruchtsäure hervorgerufen werden, und treten meist bei Kindern auf, die unter Neurodermitis leiden. Gelegentlich wird bei Kindern eine Allergie gegen Kiwis beobachtet.

Honig
Honig kann Säuglings-Botulismus auslösen und eignet sich daher nicht für Kinder, die jünger als zwölf Monate sind. Auch wenn solche Fälle selten auftreten, geht man besser kein Risiko ein, weil das Verdauungssystem eines Babys für eine solche Belastung noch zu wenig ausgereift ist.

Nüsse
Allergien gegen Nüsse treten häufig auf. Hat Ihr Kind bereits eine andere Allergie oder Neurodermitis, steigt die Wahrscheinlichkeit, dass es eine Allergie gegen Erdnüsse entwickelt. In einem solchen Fall sollten Sie den Kinderarzt konsultieren, bevor Sie zum ersten Mal Erdnüsse oder erdnusshaltige Lebensmittel füttern.

Gluten
Gluten ist in Weizen, Roggen, Gerste und Hafer enthalten. Glutenhaltige Lebensmittel wie weizenhaltige Frühstücksflocken, Brot oder Nudeln sollten erst Bestandteil der Ernährung werden, wenn das Baby mindestens sechs oder sieben Monate alt ist, idealerweise als Beikost.

Eine Weizenallergie tritt manchmal nur vorübergehend auf, daher empfiehlt sich ein Test in regelmäßigen Abständen. Die Allergie

kann sich bis zum Alter von zwei oder drei Jahren legen. Manche Menschen leiden jedoch unter Zöliakie, einer Autoimmunerkrankung, die eine dauerhafte Glutenunverträglichkeit bewirkt. Sie äußert sich in Appetitlosigkeit, verzögertem Wachstum, geblähtem Bauch und hellem, übelriechendem Stuhl. Zöliakie wird vererbt und kann durch einen Bluttest nachgewiesen werden. Ist bei Ihrem Kind Zöliakie diagnostiziert, muss es ganz auf Gluten verzichten. Sie können normales Mehl durch glutenfreies ersetzen. Erlaubt sind Reismehl, Polenta, Buchweizenmehl oder Kartoffelmehl. Als Panade für Fischstäbchen oder Chicken Nuggets eignen sich zerkleinerte Cornflakes oder Reiskräcker. Reisnudeln sind ein guter Ersatz für herkömmliche Nudeln, anstatt Brot empfehlen sich Quinoa oder Reis. Ist Ihr Kind gegen Weizen allergisch, sollte es auf alle weizenhaltigen Produkte verzichten.

Reflux

Reflux entsteht, wenn aufgrund eines schwachen Schließmuskels am Mageneingang Nahrung und Magensäure in die Speiseröhre zurückfließen. Die Folge sind Erbrechen und Sodbrennen. Alle Babys kommen mit einem schwachen Schließmuskel zur Welt, doch nur manche haben ein Problem mit dem Aufstoßen übermäßig großer Nahrungsmengen. Normales Erbrechen, Nahrungsverweigerung oder die Aufnahme von nur wenig Nahrung auf einmal, Gewichtsabnahme oder mangelnde Gewichtszunahme, ungewöhnlich starkes Schreien nach dem Füttern sind typische Symptome. Sollten Sie Anlass zur Sorge haben, sprechen Sie mit Ihrem Kinderarzt. Reflux kann auch die Folge einer Milchallergie sein. Treten in Ihrer Familie Allergien auf und verschlimmern sich die Symptome, wenn Sie vom Stillen zur Beikost übergehen, oder erweisen sich Medikamente als unwirksam, sollten Sie ebenfalls den Kinderarzt konsultieren.

Das hilft, wenn Ihr Baby unter Reflux leidet:

✻ Halten Sie Ihr Baby während des Fütterns und bis 20 Minuten danach aufrecht.
✻ Stellen Sie die Beine des Babybettchens am Kopfende auf Holzblöcke oder Bücher, sodass es auf dieser Seite einige Zentimeter erhöht ist und die Schwerkraft dazu beitragen kann, dass die Nahrung im Magen bleibt.
✻ Füttern Sie kleinere Portionen und dafür häufiger.
✻ In schwereren Fällen kann es helfen, Andickungsmittel zu verwenden (beim Stillen oder Füttern mit der Flasche). Der Arzt kann auch spezielle Anti-Reflux-Nahrung verordnen oder in manchen Fällen ein Medikament zur Reduzierung der Magensäure (Antazidum). In den meisten Fällen lässt der Reflux nach, wenn feste Nahrung eingeführt wird, dies sollte jedoch kein Grund sein, früher mit fester Nahrung zu beginnen.

Die Zubereitung von Babynahrung

Die Zubereitung von Babynahrung ist nicht schwer. Als wichtigste Regel gilt sorgfältige Hygiene, wenn Sie für Ihr Baby kochen. Waschen Sie also Obst und Gemüse vor dem Kochen immer gut.

Küchenausstattung

Die häufig benötigten Geräte werden in Ihrer Küche vorhanden sein – Kartoffelstampfer, Reiben, Siebe usw. Die folgenden vier Geräte halte ich für unbedingt notwendig:

Passiergerät bzw. Flotte Lotte Das Gerät mit verschiedenen Einsätzen verarbeitet die Lebensmittel zu Brei und trennt gleichzeitig Kerne und Fasern, die für das Baby schwer verdaulich sind. Es ist ideal für Speisen wie getrocknete Aprikosen, Zuckermais oder grüne Bohnen und eignet sich auch für Kartoffeln, die mit dem Pürierstab zähklebrig werden.

Pürierstab Er ist leicht zu reinigen und eignet sich hervorragend für kleine Mengen Babybrei.

Küchenmaschine Damit bereiten Sie größere Mengen zum Einfrieren zu.

Dampftopf Dämpfen ist eine schonende Garmethode, um die Nährstoffe zu erhalten. Es lohnt sich, einen Dämpfer mit mehreren Einsätzen zu kaufen. Ein variabler Einsatz für normale Töpfe mit gut schließendem Deckel ist eine günstige Alternative.

Sterilisieren

Anfangs ist es sehr wichtig, dass Sie die Flaschen und vor allem die Sauger sterilisieren. Warme Milch ist eine ideale Brutstätte für Bakterien, und wenn die Flaschen nicht gründlich abgewaschen und sterilisiert werden, kann Ihr Baby sehr krank werden. Es ist nicht nötig, alle Geräte zu sterilisieren, die man bei der Zubereitung oder zur Aufbewahrung von Babynahrung verwendet. Achten Sie aber auf größte Sauberkeit.

Benutzen Sie die Geschirrspülmaschine, falls vorhanden, damit gehen Sie sicher, dass die Utensilien absolut sauber sind. Nehmen Sie zum Abtrocknen ein sauberes Küchenhandtuch oder Küchenkrepp.

Milchflaschen sollten Sie sterilisieren, bis Ihr Baby ein Jahr alt ist. Es hat aber wenig Sinn, Löffel und Teller zu sterilisieren, wenn das Kind einmal im Krabbelalter ist und sowieso alles in den Mund steckt. Alle anderen Utensilien, die zum Füttern verwendet werden, müssen Sie nicht sterilisieren, waschen Sie aber die Schalen und Löffel im Geschirrspüler oder per Hand bei etwa 27 °C, dazu sollten Sie Gummihandschuhe tragen. Verwenden Sie eine Küchenmaschine zum Pürieren der Breie, spülen Sie diese mit kochendem Wasser aus, da sich dort gerne Keime bilden.

Dämpfen

Dämpfen Sie Gemüse oder Obst, bis es gar ist. Das ist die beste Methode, um den frischen Geschmack und die Vitamine zu erhalten. Vitamin B und C sind wasserlöslich und werden durch zu langes Kochen, insbesondere in Wasser, zerstört. Brokkoli verliert beim Kochen 60 Prozent seiner Antioxidantien, beim Dämpfen hingegen nur 7 Prozent.

Kochen

Obst oder Gemüse wenn nötig schälen, entkernen und in kleine Stücke schneiden. Nur so viel Wasser hinzufügen, wie unbedingt nötig ist, und nicht zu lange kochen. Um einen weichen Brei zu bekommen, mit etwas Kochflüssigkeit, Muttermilch oder Säuglingsnahrung glatt pürieren.

Garen in der Mikrowelle

Obst oder Gemüse in ein geeignetes Gefäß füllen, ein bisschen Wasser hinzufügen, einen Deckel daraufgeben (nicht luftdicht verschließen) und auf hoher Stufe garen lassen. Nach der Hälfte der Garzeit einmal umrühren. Bis zur gewünschten Konsistenz pürieren. Achten Sie darauf, dass der Brei nicht zu heiß ist für Ihr Baby – gründlich umrühren, da die Mikrowelle ungleichmäßig erhitzt.

Backen

Bereiten Sie eine Familienmahlzeit im Backofen zu, können Sie bei dieser Gelegenheit für Ihr Baby eine Kartoffel, eine Süßkartoffel oder einen Butternut-Kürbis mit garen. Stechen Sie das Gemüse mit einer Gabel ein und legen Sie es in den Backofen, bis es weich ist. Dann schneiden Sie es einfach in zwei Hälften (vom Kürbis die Kerne entfernen), heben es mit einem Löffel aus der Schale und zerdrücken es zusammen mit etwas Wasser oder Milch.

Einfrieren von Babynahrung

Anfangs isst ein Baby nur winzige Mengen. Wenn man mit Beikost beginnt, spart es viel Zeit, größere Mengen zuzubereiten und einzelne Portionen in Eiswürfelschalen oder kleinen Kunststoffbehältern einzufrieren. Sind die Eiswürfel komplett durchgefroren, können sie in einen Gefrierbeutel umgefüllt werden.

Kochen und pürieren Sie das Essen und lassen Sie es zugedeckt möglichst schnell abkühlen. Um die Qualität zu erhalten, müssen Speisen zum Einfrieren gut verschlossen werden. Im Handel sind biegsame Eiswürfelbehälter mit Deckel erhältlich. Sie sollten bis obenhin befüllt werden, sodass über dem Essen kein großer Luftraum entsteht. Zum Aufbewahren brauchen Sie ein Gefriergerät, das in 24 Stunden auf mindestens minus 18 °C tiefkühlt.

Versehen Sie die Behälter immer mit Aufklebern, auf denen Inhalt und Datum vermerkt sind. Zum Auftauen nehmen Sie die entsprechende Menge einige Stunden vor der Mahlzeit aus dem Gefriergerät oder erwärmen sie in einem kleinen Topf oder im Mikrowellenherd. Erhitzen Sie das Essen immer maximal und lassen Sie es dann abkühlen. Prüfen Sie immer die Temperatur, bevor Sie mit dem Füttern beginnen. Bei Verwendung einer Mikrowelle immer gut umrühren, damit eine gleichmäßige Temperatur erreicht wird.

✱ Einmal aufgetaute Nahrung nie wieder einfrieren. Wenn Sie allerdings einen Babybrei aus gefrorenem Obst oder Gemüse kochen, kann dieser wieder eingefroren werden.

✱ Speisen nur einmal aufwärmen.
✱ Wenn Sie Babynahrung über Nacht im Kühlschrank auftauen, sollte sie innerhalb von 24 Stunden verbraucht werden. Nach dem Erhitzen unbedingt innerhalb einer Stunde verwenden, da sich in Babynahrung Keime besonders leicht ausbreiten.
✱ Manchmal kann es nötig sein, Flüssigkeit zuzugeben.
✱ Babynahrung kann im Gefrierschrank bis zu 8 Wochen gelagert werden.

Ernährungspläne

Im nächsten Kapitel stelle ich Speisepläne vor, die Ihnen während der ersten Beikost-Wochen helfen sollen. Der Ernährungsplan für vier bis fünf Monate (Seiten 52–53) gewöhnt Ihr Baby schrittweise an feste Nahrung. Die Breie bestehen meist nur aus einer einzigen Zutat und sind leicht verdauliche Obst- und Gemüsebreie, bei denen kein Allergierisiko besteht. Hat Ihr Baby erste Bekanntschaft mit den neuen Geschmacksrichtungen gemacht, gehen Sie zum Ernährungsplan für fünf bis sechs Monate (Seiten 54–55) über. Hier finden Sie Breie aus mehreren Obst- und Gemüsesorten wie Möhren und Erbsen oder Pfirsich, Apfel und Birne. Kaufen Sie das, was die Saison gerade frisch bietet.

Diese Ernährungspläne sollen nur als Richtlinie dienen. Dabei sind viele Faktoren zu berücksichtigen, etwa Gewicht und Alter des Kindes. Bekommt Ihr Baby seine letzte Mahlzeit kurz vor dem Schlafengehen, sollte sie leicht verdaulich sein. Wenn Sie beide gut schlafen wollen, ist das nicht die ideale Tageszeit, um mit neuen Gerichten zu experimentieren.

Ich habe versucht, Ihnen eine große Auswahl an Rezepten vorzustellen. Allerdings nehme ich an, dass Sie Ihrem Baby Gerichte, die ihm gut schmecken, mehrmals in der Woche geben werden. Sie werden noch dankbar sein für Ihren Gefrierschrank.

In jedem der folgenden Kapitel finden Sie Ernährungspläne für Ihr Kind. Sie können sich genau daran halten oder sie als Anregung sehen. Außerdem finden Sie einen Plan zum Herausnehmen, den Sie am Kühlschrank befestigen können. Passen Sie die Pläne der Jahreszeit und den Gerichten an, die Sie für die ganze Familie kochen. Wenn das Baby neun Monate alt ist, sollten Sie für Baby und Familie zusammen kochen können. Dabei könnten Sie zum Beispiel die Gerichte, die Sie dem Baby mittags und nachmittags geben, selbst zum Abendbrot essen. Lassen Sie aber immer in der Portion für das Baby das Salz weg.

In den Plänen für größere Kinder habe ich vier Mahlzeiten pro Tag vorgesehen. Viele Babys sind aber auch mit drei Mahlzeiten und ein paar gesunden Snacks zufrieden.

Viele der Gemüsebreie in den ersten Kapiteln lassen sich in Gemüsesuppen verwandeln, und einen Teil der Gemüsegerichte können Sie gut als Beilage für die Familie verwenden. Und noch einmal: Wenn Sie dem Baby Gemüse geben, das Sie für eine Familienmahlzeit gekocht haben, darf es nicht gesalzen sein. In den späteren Kapiteln eignen sich viele Rezepte für die ganze Familie.

Gerichte, die mit einer Eisblume gekennzeichnet sind, eignen sich zum Einfrieren.

GLUTEN
(Weizen, Roggen, Gerste, Hafer)
6 Monate

ZITRUSFRÜCHTE
6 Monate

AB WANN GEHT DAS?

Bestimmte Nahrungsmittel sollte Ihr Baby erst ab einem bestimmten Alter bekommen. (Diese Liste ist nicht vollständig, weitere Informationen finden Sie in den jeweiligen Kapiteln.)

FISCH (keine Schalentiere)
HÄHNCHEN UND FLEISCH
6 Monate

Die erste Beikost

Die Weltgesundheitsorganisation empfiehlt, Babys bis zum Alter von sechs Monaten voll zu stillen. Oft wird aber schon ab vier Monaten Beikost gegeben. Jedes Kind ist anders, aber fest steht, dass bis zum Alter von 17 Wochen das Verdauungssystem noch keine komplexeren Lebensmittel als Säuglingsmilch verarbeiten kann.

Dass Babys anfangs nur geschmacksneutrale Lebensmittel bekommen sollten, ist ein Märchen. Als ich anfing, dieses Buch zu schreiben, beobachtete ich, dass den Babys geschmacksintensive Lebensmittel wie Süßkartoffel oder frischer Pfirsich weitaus lieber waren als eher geschmackslose wie Baby-Reisflocken oder Kartoffeln.

Bieten Sie Ihrem Baby als Erstes sehr weiche und flüssige Pürees aus Apfel, Birne, Karotte, Süßkartoffel, Kartoffel oder Kürbis an. Sie können auch Obst und Gemüse mit Baby-Reisflocken mischen. Erwarten Sie nicht, dass Ihr Baby in den ersten Wochen große Mengen isst. Bieten Sie anfangs nur einmal am Tag feste Nahrung an und suchen Sie sich dafür einen ruhigen Zeitpunkt aus. Das Baby sollte ein bisschen hungrig sein, aber nicht zu sehr. Eventuell geben Sie zuerst ein bisschen Milch, um den größten Hunger zu stillen. Lassen Sie sich und dem Baby Zeit.

Auf den Mutterinstinkt ist Verlass, lassen Sie sich also von ihm leiten. Wenn Sie das Gefühl haben, das Baby ist für Beikost bereit, können Sie darauf vertrauen. Zeigt es nach einigen Versuchen überhaupt kein Interesse daran, besteht kein Anlass zu drängen. Warten Sie ein paar Tage und versuchen Sie es dann wieder.

Bis vor Kurzem wurde dazu geraten, jedes neue Nahrungsmittel separat einzuführen und drei Tage abzuwarten, bis man eine weitere neue Sorte versucht. Wenn aber in Ihrer Familie bisher keine Allergien bekannt sind und Sie sich keine Sorgen machen, Ihr Baby könnte auf ein bestimmtes Produkt reagieren, gibt es keinen Grund, warum man nicht an unmittelbar aufeinanderfolgenden Tagen Neues probieren sollte – vorausgesetzt Sie halten sich an die Liste auf Seite 26.

Sorgen Sie dafür, dass sich durch die Einführung von Beikost die Milchmenge nicht verringert, die Ihr Baby trinkt, da Milch nach wie vor die wichtigste Voraussetzung für Wachstum und gesunde Entwicklung darstellt.

Wichtig ist, dass Sie Ihr Kind an eine möglichst große Vielfalt an Nahrungsmitteln gewöhnen. Sind die ersten Geschmacksrichtungen akzeptiert, können Sie sämtliche Obst- und Gemüsesorten dazunehmen (Seiten 34–37). Seien Sie aber vorsichtig mit Zitrusfrüchten, Ananas, Beeren und Kiwi, die empfindliche Babys nicht gut vertragen können.

Erstes Obst und Gemüse

Die allerersten Nahrungsmittel sollten leicht verdaulich sein und kein Allergierisiko bergen. Beginnen Sie mit einem Brei aus nur einer Zutat. Manche Eltern möchten ihrem Baby als Erstes lieber Gemüse als Obst geben, um es an herzhaftere Geschmacksnoten zu gewöhnen.

Als erste Nahrung eignen sich Wurzelgemüse wie Karotten und Süßkartoffeln am

Erstes Obst

* Apfel
* Birne
* Banane*
* Papaya*
* Avocado*

Erstes Gemüse

* Möhre
* Kartoffel
* Steckrübe
* Pastinake
* Gartenkürbis
* Butternut-Kürbis
* Süßkartoffel

* Bananen, Papayas und Avocados müssen nicht gekocht werden, sollten aber reif sein. Man kann sie pur oder mit etwas Muttermilch oder Säuglingsnahrung pürieren oder zerdrücken. Bananen eignen sich nicht zum Einfrieren.

Baby-led Weaning (BLW)

Beikost kann auf zweierlei Arten eingeführt werden. Entweder man füttert Breie mit dem Löffel, oder man lässt das Baby selbst feste Nahrung aufnehmen (das sogenannte Baby-led Weaning – Beikost nach Bedarf). Letzteres basiert auf der Idee, dass Ihr Baby selbst entscheidet und im eigenen Tempo feste Nahrung erkundet – mit Speisen aus der Familienmahlzeit. Man gibt überhaupt keine Breie und geht mit sechs Monaten direkt zu fester Nahrung über.

Ich persönlich bevorzuge eine dritte Methode, nämlich das Füttern von Breien, wenn ein Baby dafür bereit ist (vor allem, wenn es noch keine sechs Monate alt ist), und die Einführung von Fingerfood und die Teilnahme an Familienmahlzeiten ab sechs Monaten. Ab diesem Alter braucht das Baby mehr Eisen, aber die Hand-Augen-Koordination funktioniert noch nicht so gut, dass es genug Nahrung aufnimmt, wenn es alleine isst. Wenn Sie Fingerfood zusammen mit Breien anbieten, lernt Ihr Baby viele verschiedene Geschmacksnoten und Konsistenzen kennen und bekommt Lust, selbst zu essen. Für viele Familien ist das ein guter Mittelweg. Aber probieren Sie am besten selbst aus, was für Sie und Ihr Baby gut funktioniert, und finden Sie Ihr eigenes System.

besten, da sie von Natur aus süß sind, einen glatten Brei ergeben und im Hinblick auf Allergien nicht bedenklich sind.

Die Nährstoffe bleiben am besten erhalten, wenn das Gemüse gedämpft wird. Bestimmte Sorten wie Butternut-Kürbis oder Süßkartoffel kann man auch gut im Backofen garen.

Zuerst sollten Sie dem Baby Brei aus gekochten Früchten wie Äpfeln oder Birnen geben oder rohe zerdrückte Bananen, Avocados oder Papayas. Nach ein paar Wochen können Sie allmählich zu weiteren roh pürierten oder zerdrückten Obstsorten übergehen. Haben Sie Bedenken wegen Pestiziden, greifen Sie zu biologisch angebautem Obst oder Gemüse.

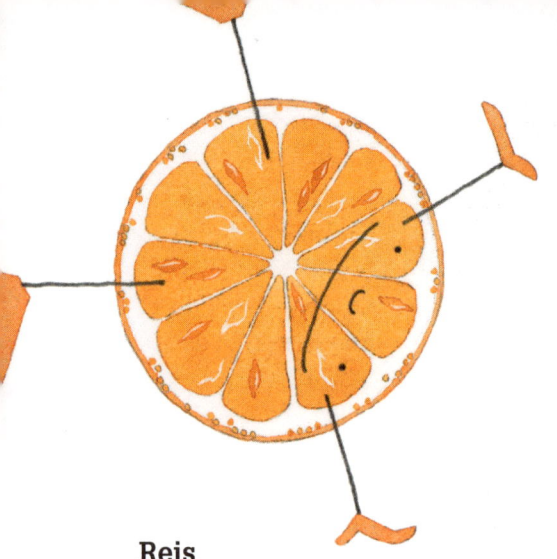

Reis

Gelegentlich wird empfohlen, als erste feste Kost Baby-Reisflocken, vermischt mit Muttermilch oder Säuglingsnahrung, zu nehmen. Ich persönlich finde es besser, von Anfang an Gemüsebreie und Obstbreie anzubieten. In jedem Fall eignen sich ungezuckerte Baby-Reisflocken aber gut zum Andicken von flüssigen Obstbreien, zum Beispiel aus Birne oder Pfirsich.

Mengen

Wie viel ein Baby isst, ist schwer abzuschätzen, da Appetit und Bedarf an Nahrung erheblich variieren. Erwarten Sie nicht, dass Ihr Baby ganz zu Anfang mehr als ein bis zwei Teelöffel Brei isst. Dafür brauchen Sie eine Portion, also einen oder zwei Würfel aus der Eiswürfelschale.

Erhöhen Sie die Menge allmählich. Der Appetit von Babys ist sehr zuverlässig, sie essen, wenn sie hungrig sind, und verweigern das Essen, wenn sie satt sind, indem sie den Kopf abwenden. Wenn Ihr Kind kontinuierlich zunimmt und vital wirkt, können sie davon ausgehen, dass es gut versorgt ist. Hat es übergroßen Appetit und Sie sorgen sich wegen des Gewichts, reden Sie mit Ihrem Kinderarzt.

Konsistenzen

Für die erste Beikost sollten Breie ziemlich flüssig sein, ideal ist die Konsistenz einer sämigen Suppe oder von Joghurt. Das heißt, dass die meisten Gemüse weich gekocht werden müssen, damit man sie leichter pürieren kann. Wahrscheinlich werden Sie die Breie mit etwas Kochflüssigkeit oder Milch verdünnen müssen. Bei bestimmtem Obst wie Pflaumen oder Pfirsichen kann ein Eindicken nötig sein. Die meisten Babys lieben Nahrung in halbflüssiger Form. Zum Verdünnen können Sie auch Säuglingsnahrung oder Muttermilch, Obstsaft oder abgekochtes Wasser verwenden.

Wenn sich Ihr Kind an das Gefühl von »fester Nahrung« im Mund gewöhnt hat, können Sie die Flüssigkeitsmenge nach und nach reduzieren und es so allmählich zum Kauen anregen. Das sollte ein natürlicher Prozess sein, denn wenn das Baby zu zahnen beginnt (normalerweise zwischen dem sechsten und zwölften Lebensmonat), sollte es von sich aus kauen wollen.

Bei größeren Babys, die schon feste Nahrung bekommen (ab sechs Monaten), kann manches Obst roh angeboten werden und Gemüse muss nicht mehr ganz so weich gegart werden, sodass mehr Vitamin C erhalten bleibt.

Denken Sie daran, Obst zu schälen und zu entkernen, bevor Sie es kochen und pürieren oder passieren. Gemüse mit Faserstoffen oder Kernen sollte durch ein Sieb gestrichen oder passiert werden. Auch die Schalen von Hülsenfrüchten kann das Baby in diesem Stadium noch nicht verdauen.

Getränke

Voll gestillte Babys brauchen erst Wasser, wenn sie anfangen, feste Nahrung zu essen. Babys, die mit der Flasche gefüttert werden, brauchen bei warmen Temperaturen eventuell zusätzlich etwas Wasser. Verwenden Sie für Babys unter sechs Monaten abgekochtes und abgekühltes Leitungswasser. Für Babys ab sechs Monaten muss es nicht mehr abgekocht werden.

Mineralwasser ist für die Zubereitung von Säuglingsnahrung nicht zu empfehlen, da es nicht steril ist und möglicherweise zu viel Salz oder Sulfat enthält.

Obstsäfte wie Orangensaft enthalten viel Vitamin C. Aber selbst Säfte, auf deren Etikett »ungesüßt« oder »ohne Beigabe von Zucker« steht, enthalten Fruchtzucker und Säure, die Karies verursachen können. Babys unter sechs Monaten sollten keine Obstsäfte bekommen. Ab sechs Monaten kann man zu den Mahlzeiten verdünnten Obstsaft (ein Teil Saft auf zehn Teile Wasser) anbieten.

Geben Sie Ihrem Baby keine zuckerhaltigen Getränke.

Tipps fürs erste Füttern

1 Lassen Sie das Baby niemals alleine essen.
Es kann passieren, dass es ein zu großes Stück abbeißt und keine Luft mehr bekommt. Wenn Sie ihm Gesellschaft leisten, macht es außerdem die Erfahrung, dass Essen ein gemeinschaftliches Erlebnis ist. Es kann auch hilfreich sein, wenn Sie selbst etwas essen, denn Babys sind große Nachahmer.

2 Setzen Sie das Baby bequem auf Ihren Schoß oder in den Kinderstuhl. Am besten ist es, wenn Sie beide gegen Kleckern geschützt sind.

3 Wählen Sie einen Zeitpunkt, zu dem Ihr Baby keinen Heißhunger hat, und geben Sie ihm zuerst etwas Milch, um den ersten Hunger zu stillen – es wird sich dann leichter mit dem Neuen anfreunden.

4 Säuglinge können mit ihren Zungen Löffel nicht ablecken, wählen Sie daher einen kleinen, flachen Plastiklöffel, von dem es den Brei mit den Lippen abziehen kann. Es gibt spezielle Babylöffel zu kaufen.

5 Geben Sie Ihrem Baby zu Anfang nur eine Brei-Mahlzeit am Tag, zuerst etwa einen bis zwei Teelöffel voll. Ich füttere diese Mahlzeit am liebsten mittags.

6 Lassen Sie Ihr Baby ruhig kleckern! Es wird dann mehr Spaß am Essen haben und gerne verschiedene Speisen probieren. Wenn es selbst bestimmen kann, wird es eigenständig seine Essgewohnheiten entwickeln.

OBST UND GEMÜSE
Vier bis fünf Monate

APFEL ❄
ERGIBT 3 PORTIONEN

Zwei süße, mittelgroße Äpfel schälen, halbieren, Kerngehäuse entfernen und die Äpfel in Stücke schneiden. In einem schweren Topf mit 4–5 Esslöffeln Wasser bei niedriger Hitze in etwa 7–8 Minuten weich kochen oder über Wasser dämpfen. Pürieren. Bei der Dampf-Methode etwas Wasser aus dem Untersatz des Dämpfers entnehmen und den Brei damit verdünnen.

BIRNE ❄
ERGIBT 3 PORTIONEN

Zwei Birnen schälen, halbieren, Kerngehäuse entfernen, in kleine Stücke schneiden. Bei reifen Birnen brauchen Sie vermutlich kein Wasser zuzugeben. Sind sie noch hart, mit etwas Wasser bedecken und bei schwacher Hitze in etwa 4 Minuten weich kochen oder dämpfen. Pürieren. Nach einigen Wochen des Zufütterns brauchen Sie reife Birnen vor dem Pürieren nicht mehr zu kochen. Gut schmeckt auch eine Mischung aus Apfel und Birne.

APFEL UND ZIMT ❄
ERGIBT 3 PORTIONEN

2 Äpfel mit einer Zimtstange in Apfelsaft oder Wasser dünsten. Zubereitung wie oben, Zimtstange vor dem Pürieren entfernen.

BANANE
ERGIBT 1 PORTION

Zerdrückte Banane ist eine ideale Babykost, weil sie leicht verdaulich ist und nur äußerst selten allergische Reaktionen auslöst. Eine reife Banane mit einer Gabel zu einem glatten Brei zerdrücken. Wenn der Brei so dick und klebrig ist, dass das Baby ihn nicht hinunterschlucken kann, etwas abgekochtes Wasser oder Säuglingsnahrung unterrühren.

Hat Ihr Baby Durchfall oder einen gereizten Magen, empfiehlt sich über mehrere Tage eine Diät aus zerdrückter Banane, gekochtem Apfelbrei und Baby-Reisflocken.

PAPAYA ❄
ERGIBT 2 PORTIONEN

Papayas eignen sich ausgezeichnet für ganz kleine Babys. Der angenehm süße Geschmack ist nicht zu intensiv, und sie lassen sich in Sekundenschnelle zu einer idealen Konsistenz verarbeiten.

Eine mittelgroße Frucht durchschneiden, die schwarzen Kerne entfernen und das Fruchtfleisch mit einem Löffel herausheben. Nach Belieben mit etwas Säuglingsnahrung oder Muttermilch pürieren.

OBSTBREI MIT MILCH

Wenn man unter den Obstbrei Säuglingsnahrung und Baby-Reisflocken oder Zwieback-Krümel mischt, schmeckt er dem Baby möglicherweise besser. Manche Obstsorten wie Pfirsich, Birne oder Pflaume werden durch das Pürieren sehr dünnflüssig, fügt man etwas Baby-Reisflocken oder Milch bei, kann das Baby sie leichter schlucken.

Pürieren Sie das Obst und dämpfen Sie es, falls nötig. Rühren Sie Baby-Reisflocken unter, bis die gewünschte Konsistenz erreicht ist.

DREIFRUCHTBREI
ERGIBT 1 PORTION

Eine köstliche Kombination aus drei der ersten Obstsorten, die Ihr Baby essen kann.

Je einen Teelöffel Birnen- und Apfelbrei (Seite 30) mit einer halben zerdrückten Banane mischen. Später können Sie eine halbe reife Birne, geschält und ohne Kerngehäuse, klein schneiden und mit einer halben Banane zu einem glatten Brei pürieren, unter den Sie dann den Teelöffel Apfelbrei rühren.

MÖHRE ODER PASTINAKE ❄
ERGIBT 4 PORTIONEN

Zwei mittelgroße Möhren oder Pastinaken schälen und in Scheiben schneiden. Entweder in leicht kochendes Wasser geben und zugedeckt 25 Minuten garen, bis sie ganz weich sind, oder dämpfen. Abgießen, die Kochflüssigkeit auffangen und pürieren. Dabei so viel wie nötig von der Flüssigkeit zugeben, sodass ein glatter Brei entsteht.

Gemüse für kleine Babys muss länger kochen. Verkürzen Sie die Kochzeit, sobald Ihr Kind kauen kann, damit das Vitamin C erhalten bleibt und das Gemüse schön knackig ist.

SÜSSKARTOFFEL, STECKRÜBE UND PASTINAKE ❄
ERGIBT 4 PORTIONEN

Eine große Süßkartoffel, eine kleine Steckrübe oder zwei große Pastinaken waschen, schälen und in kleine Würfel schneiden. Kochendes Wasser darübergießen und zugedeckt weich dünsten (15–20 Minuten). Alternativ kann das Gemüse auch gedämpft werden. Abtropfen lassen und das Kochwasser aufheben. Wenn nötig, etwas davon beim Pürieren dazugeben.

KARTOFFEL ❄
ERGIBT 10 PORTIONEN

400 g Kartoffeln waschen, schälen und klein schneiden, knapp mit kochendem Wasser bedecken und bei mittlerer Hitze etwa 15 Minuten weich dünsten. So viel Kochflüssigkeit oder Säuglingsmilch zugeben, dass die gewünschte Konsistenz entsteht. Alternativ können die Kartoffeln gedämpft und mit etwas Wasser aus dem Dämpfer oder der Milch, die Ihr Baby bekommt, verdünnt werden.

Pürieren Sie Kartoffeln nicht im Mixer, da sonst eine zähe Masse entsteht. Verwenden Sie ein Passiergerät oder einen Kartoffelstampfer.

Alternativ können Sie Kartoffeln oder Süßkartoffeln im Backofen bei 200 Grad backen, bis sie weich sind (etwa 1 bis 1½ Stunden). Mit einem Löffel das Innere herausschaben und mit etwas Säuglingsnahrung und einem Klecks Butter zerdrücken oder passieren.

CREMIGER MÖHRENBREI ❄
ERGIBT 2 PORTIONEN

Einen cremigen Brei kann man aus vielen verschiedenen Gemüsesorten zubereiten, indem man Milch und Baby-Reisflocken unterrührt. Bereiten Sie aus einer großen Möhre (ca. 85 g) einen Brei (Seite 32). Vermischen Sie einen Esslöffel Baby-Reisflocken mit zwei Esslöffeln der Milch, die Ihr Baby bekommt. Rühren Sie die Mischung in den Gemüsebrei. Ein halber ungezuckerter Zwieback mit Milch erfüllt den gleichen Zweck. Lassen Sie den Zwieback in der Babymilch aufweichen, bevor Sie ihn zum Gemüsebrei geben.

BUTTERNUT-KÜRBIS ❄
ERGIBT 6 PORTIONEN

Butternut-Kürbis schmeckt am besten, wenn er im Backofen gegart wird, weil dabei der enthaltene Zucker karamellisiert. Dafür den Backofen auf 200 Grad vorheizen, einen mittelgroßen Butternut-Kürbis schälen und Kerne entfernen. Die Kürbishälften mit der Schnittseite nach unten auf ein gut geöltes und mit Backpapier ausgelegtes Blech legen und etwa 45 Minuten backen, bis sie weich sind. Aus dem Ofen nehmen, abkühlen lassen, das Fleisch mit einem Löffel aus der Schale nehmen und pürieren oder zerdrücken. Dabei etwas Muttermilch, Säuglingsmilch oder abgekochtes und abgekühltes Wasser zufügen. Alternativ können Sie den Kürbis schälen, in Stücke schneiden und in etwa 20 Minuten weich dämpfen.

OBST UND GEMÜSE
Fünf bis sechs Monate

ZUCCHINI ❄
ERGIBT 8 PORTIONEN

Zwei mittelgroße Zucchini gut waschen, die Enden abschneiden und die Zucchini in Scheiben schneiden. (Die Schale ist weich, braucht also nicht entfernt zu werden.) Dämpfen (etwa 8 Minuten), bis sie weich sind, dann pürieren oder mit einer Gabel zerkleinern (Zugabe von Flüssigkeit nicht nötig). Gut in Kombination mit Süßkartoffel, Möhre oder Baby-Reisflocken.

BROKKOLI UND BLUMENKOHL ❄
ERGIBT 3 PORTIONEN

Je 100 g Brokkoli und Blumenkohl gut waschen, in kleine Röschen zerteilen, mit 150 ml kochendem Wasser übergießen und zugedeckt weich dünsten (etwa 8 Minuten). Abtropfen lassen und das Kochwasser aufheben. Pürieren und etwas von dem Kochwasser (oder Säuglingsnahrung) hinzufügen, damit der Brei die gewünschte Konsistenz erhält.

Alternativ kann man die Röschen 10 Minuten dämpfen, dabei bleiben Geschmack und Nährstoffe besser erhalten. Wasser aus dem Dämpfer oder Säuglingsnahrung hinzufügen und zu einem glatten Brei pürieren. Brokkoli und Blumenkohl schmeckt gut mit Käsesauce oder in Kombination mit einem Brei aus Wurzelgemüse wie Möhre oder Süßkartoffel.

GRÜNE BOHNEN ❄

Verwenden Sie am besten eine Sorte, die nicht zu grobfaserig ist. Die Bohnen waschen, die Enden abschneiden und Fäden abziehen. Weich dämpfen (etwa 10 Minuten), dann im Mixer zerkleinern. Etwas abgekochtes Wasser oder Säuglingsnahrung hinzufügen, sodass ein glatter Brei entsteht. Grüne Gemüsesorten wie Bohnen können gut mit Wurzelgemüse wie Möhre oder mit Süßkartoffel kombiniert werden.

SÜSSKARTOFFEL, ZUCCHINI UND BROKKOLI ❄
ERGIBT 3 PORTIONEN

Für Babys sind Kartoffeln geschmacklich eine gute Ergänzung zu grünem Gemüse. Zwei mittelgroße Süßkartoffeln (200 g) im Untersatz eines Dämpfers etwa 10 Minuten weich kochen. Dann 25 g Brokkoliröschen und 50 g in Scheiben geschnittene Zucchini in den Dämpfeinsatz geben, zudecken und 6 Minuten weiter garen, bis alles Gemüse weich ist. Die Süßkartoffeln abgießen und alles zusammen passieren. So viel Säuglingsmilch zugeben, dass ein glatter Brei entsteht.

BROKKOLI-TRIO ❄
ERGIBT 4 PORTIONEN

Eine mittelgroße Süßkartoffel (etwa 200 g) schälen und klein schneiden, dann 5 Minuten kochen. Je 50 g Brokkoli- und Blumenkohlröschen in einen Dampfeinsatz über der Süßkartoffel legen, zudecken und weitere 6 Minuten kochen. Wenn alles Gemüse weich ist, mit einem Klecks Butter und so viel Kochflüssigkeit pürieren, bis die gewünschte Konsistenz erreicht ist.

MÖHREN- UND BLUMENKOHLPÜREE ❄
ERGIBT 4 PORTIONEN

Kombinationen aus verschiedenen Gemüsesorten schmecken Babys besonders gut. Wenn sie sich an Möhren und Blumenkohl gewöhnt haben, bietet die Kombination der beiden eine schöne Abwechslung für Babys Gaumen. 100 g geschälte, in Scheiben geschnittene Möhren 10 Minuten dämpfen. 175 g Blumenkohlröschen hinzufügen und weitere 6 Minuten dämpfen, bis alles weich ist. Mit etwas Wasser aus dem Dämpferuntersatz zu einem cremigen Brei pürieren und 2 Teelöffel Babymilch unterrühren.

MANGO ❄
ERGIBT 3 PORTIONEN

Schälen und entkernen Sie eine reife Mango. Das Fruchtfleisch anschließend pürieren. Der Brei muss nicht gekocht werden und kann gut mit zerdrückten Bananen kombiniert werden.

PFIRSICH ❄
ERGIBT 3 PORTIONEN

Wasser in einem kleinen Topf zum Kochen bringen. Die Schale von zwei Pfirsichen kreuzweise einschneiden, die Früchte 1 Minute in das Wasser tauchen, dann in kaltem Wasser abschrecken. Die Haut abziehen und das Fruchtfleisch klein schneiden, dabei die Steine entfernen. Pfirsiche entweder roh pürieren oder vorher ein paar Minuten weich dämpfen. Zu Pfirsich passt auch gut Banane.

CANTALOUPE-MELONE ❄
ERGIBT 6 PORTIONEN

Cantaloupe-Melonen sind kleine, blassgrüne Melonen mit orangefarbenem Fruchtfleisch. Sie sind reich an Vitamin A und C. Verwenden Sie nur reife Melonen. Halbieren, Kerne entfernen, das Fruchtfleisch ausschaben und pürieren.

Sie können auch andere süße Melonen wie Galia- oder Honigmelone verwenden. Ist Ihr Baby schon etwas älter, kann es gut reife Melonen roh essen.

PFLAUME ❄
ERGIBT 2 PORTIONEN

Die Haut von zwei großen reifen Pflaumen abziehen (wie bei Pfirsichen), die Früchte roh pürieren, wenn sie weich und saftig sind, oder einige Minuten lang weich dämpfen. Pflaumen kann man gut mit Baby-Reisflocken, Banane oder Joghurt mischen.

GETROCKNETE APRIKOSEN, PFIRSICHE ODER PFLAUMEN ❄
ERGIBT 3 PORTIONEN

Viele Supermärkte führen eine Auswahl essfertiger Trockenfrüchte. Besonders nahrhaft sind getrocknete Aprikosen, sie enthalten viel Beta-Carotin und Eisen. Verwenden Sie keine Trockenaprikosen, die mit Schwefeldioxid oder E 220 behandelt wurden. Der Zusatzstoff sorgt dafür, dass die orange Farbe erhalten bleibt, kann aber bei empfindlichen Babys einen Asthmaanfall auslösen.

100 g Trockenobst mit frischem kaltem Wasser bedecken, zum Kochen bringen und weich garen (etwa 5 Minuten). Abtropfen lassen, ggf. die Kerne herausnehmen und das Obst passieren, um die harten Schalen zu entfernen. Dabei etwas Kochflüssigkeit hinzugeben und verrühren.

Gut ist eine Mischung mit Baby-Reisflocken, Milch und Banane oder reifer Birne.

APRIKOSEN UND BIRNEN ❄
ERGIBT 4 PORTIONEN

50 g essfertige Trockenaprikosen grob hacken. Zwei reife Birnen (350 g) schälen, die Kerngehäuse entfernen. Das Fruchtfleisch in Scheiben schneiden und mit den Aprikosen in einem kleinen Topf zugedeckt bei mäßiger Hitze 3–4 Minuten sieden. Pürieren. Als Variation können Sie 4 frische, süße, reife Aprikosen verwenden, die Sie vor dem Kochen häuten, entkernen und in Stücke schneiden.

APFEL-ROSINEN-KOMPOTT ❄
ERGIBT 3 PORTIONEN

Drei Esslöffel frischen Orangensaft in einem Topf erhitzen. Zwei Äpfel, geschält, ohne Kerngehäuse, in Scheiben geschnitten, und 15 g gewaschene Rosinen hinzugeben. Etwa 5 Minuten sieden lassen, nach Bedarf etwas Wasser hinzufügen.

Trockenobst wie Aprikosen oder Rosinen sollten für kleine Babys passiert werden, um die schwer verdauliche äußere Haut zu entfernen.

ERBSEN ❄
ERGIBT 4 PORTIONEN

Ich verwende gerne gefrorene Erbsen, die genauso nährstoffreich sind wie frische.

100 g Erbsen mit Wasser bedecken, zum Kochen bringen und zugedeckt etwa 4 Minuten sieden, bis sie weich sind. Abtropfen lassen und dabei etwas Kochflüssigkeit auffangen. Durch ein Sieb streichen oder passieren. Ein wenig von der Kochflüssigkeit hinzugeben und zur gewünschten Konsistenz verrühren. Dazu passen auch Kartoffeln, Süßkartoffeln, Pastinaken oder Karotten. Frische Erbsen müssen 12–15 Minuten gegart werden.

ROTE PAPRIKA ❄
ERGIBT 2–3 PORTIONEN

Eine mittelgroße rote Paprikaschote waschen, halbieren, Rippen und Kerne entfernen. Die Schote vierteln und unter den vorgeheizten Grill legen, bis die Haut Blasen wirft. In eine Plastiktüte geben, verschließen und abkühlen lassen. Die Haut abziehen und die Paprika pürieren. Schmeckt prima zusammen mit Blumenkohl oder Kartoffeln.

SPINAT ❄
ERGIBT 2 PORTIONEN

100 g Blattspinat gründlich waschen und die groben Stiele entfernen. Den Spinat dämpfen oder in einem Topf mit einigen Spritzern Wasser kochen, bis die Blätter zusammenfallen (3–4 Minuten). Vorsichtig überschüssiges Wasser ausdrücken. Anschließend pürieren. Dazu passen Kartoffeln, Süßkartoffeln oder Butternut-Kürbis.

AVOCADO
ERGIBT 1 PORTION

Eine reife Avocado halbieren, den Kern entfernen und das Fruchtfleisch mit einem Löffel aus der Schale heben. $1/3$–$1/2$ der Frucht mit einer Gabel zerdrücken, dabei eventuell etwas Milch zugeben. Sofort füttern, sonst färbt sich der Brei braun. Dazu passt auch gut eine zerdrückte Banane. Avocados sollte man nicht einfrieren!

TOMATEN ❄
ERGIBT 2 PORTIONEN

Zwei mittelgroße Tomaten 30 Sekunden in kochendes Wasser tauchen, dann kalt abschrecken. Die Haut abziehen, die Kerne entfernen, und die Tomaten in große Stücke schneiden. Etwas Butter in einem Topf mit einem dicken Boden schmelzen und die Tomaten darin dünsten, bis sie breiig sind, anschließend pürieren. Schmeckt prima mit Kartoffeln, Blumenkohl oder Zucchini.

MAISKOLBEN ❄
ERGIBT 2 PORTIONEN

Von den Maiskolben die Blätter und Fäden abziehen und gut abwaschen. In kochendes Wasser legen und bei mittlerer Hitze 10 Minuten garen. Abgießen und die Körner mit einem scharfen Messer ablösen. Mit einem Passiergerät oder einer flotten Lotte passieren. Alternativ können Sie auch gefrorenen Mais verwenden. Schmeckt auch gut zusammen mit Süßkartoffel.

Pfirsiche, Äpfel und Birnen ❄

Außerhalb der Pfirsichsaison können Sie den Brei auch nur mit Äpfeln und Birnen zubereiten. Ist er zu dünn, dicken Sie ihn einfach mit Baby-Reisflocken an.

ERGIBT 8 PORTIONEN

2 Äpfel, geschält, ohne Kerngehäuse, klein geschnitten
1 Vanilleschote
2 EL Apfelsaft oder Wasser
2 reife Pfirsiche
2 reife Birnen, geschält, ohne Kerngehäuse und klein geschnitten

Die Apfelstückchen in einen Topf geben. Die Vanilleschote mit einem scharfen Messer längs halbieren, das Mark herauskratzen und in den Topf geben, die Schote und zwei Esslöffel Apfelsaft oder Wasser hinzufügen. Alles zugedeckt etwa 5 Minuten dünsten. Pfirsiche und Birnen hinzufügen und weitere 3–4 Minuten kochen. Vanilleschote entfernen und das Obst pürieren.

Dreifruchtbrei

Dieser Brei ist eine beliebte Abwechslung zu zerdrückter Banane oder Apfelmus. Für Babys ab sechs Monaten kann man den Brei mit roh geraspelten Äpfeln und zerdrückter Banane zubereiten.

ERGIBT 1 PORTION

¼ Apfel, geschält, ohne Kerngehäuse und klein geschnitten
¼ Banane, geschält und klein geschnitten
1 EL Orangensaft

Den Apfel weich dämpfen (etwa 7 Minuten) und mit der Banane und dem Orangensaft pürieren oder mit der Gabel zerdrücken. Schnell servieren.

Mango, Pfirsich und Banane

Zur Pfirsichsaison sollten Sie unbedingt diesen Brei probieren. Pfirsiche enthalten viel Vitamin C und sind leicht verdaulich. Bananen lassen sich auch gut mit Papaya kombinieren.

ERGIBT 2 PORTIONEN

1 reife Mango, geschält, entkernt und sehr klein geschnitten
2 reife Pfirsiche, entkernt und sehr klein geschnitten
1 mittelgroße Banane, geschält und in Scheiben geschnitten

Das klein geschnittene Obst in einer Schüssel vermischen, mit dem Handmixer gut aufschlagen.

Avocado und Banane oder Papaya

Das Gericht ist leicht herzustellen. Babys wachsen schnell, daher brauchen sie besonders nährstoffreiche Nahrung. Da bieten sich Avocados an.

ERGIBT 1 PORTION

½ kleine Avocado
½ kleine Banane oder ¼ Papaya

Das Fruchtfleisch der Avocado mit der Banane oder Papaya zu einem glatten Brei zerdrücken. Er sollte bald nach der Zubereitung gegessen werden, da die Avocado sonst braun wird.

Apfel, Nektarine und Heidelbeeren ❄

Bereiten Sie das Gericht zu, wenn süße reife Nektarinen am Markt angeboten werden. Besonders gut sind die saftigen weißen Nektarinen. Statt der Nektarinen können Sie auch reife Pfirsiche oder Birnen verwenden.

ERGIBT 4–5 PORTIONEN

2 Äpfel, geschält, ohne Kerngehäuse und in Würfel geschnitten
2 süße, feste Nektarinen, abgezogen, entkernt und in Würfel geschnitten
100 ml Wasser
150 g Heidelbeeren

Die klein geschnittenen Äpfel und Nektarinen in einen kleinen Topf mit Wasser geben, zum Kochen bringen, die Hitze reduzieren und zugedeckt 10–15 Minuten weich dünsten. Die Heidelbeeren und 3 Teelöffel Wasser hinzufügen. Weitere 2 Minuten dünsten, dann pürieren.

Süßkartoffel aus dem Backofen ❄

Der in der Süßkartoffel enthaltene Zucker karamellisiert beim Backen und sorgt für eine besondere Geschmacksnote.

ERGIBT 4 PORTIONEN

1 große Süßkartoffel oder 2 mittelgroße Süßkartoffeln

Den Backofen auf 200 Grad vorheizen, die Süßkartoffeln mit einer Gabel mehrmals einstechen. Je nach Größe etwa 1 Stunde backen. Aus dem Ofen nehmen und etwas abkühlen lassen. Die Haut sollte sich leicht ablösen lassen. Kürbisfleisch mit einem Löffel herauslösen und pürieren. Dabei nach und nach etwas Muttermilch, Säuglingsmilch oder abgekochtes und abgekühltes Wasser zugeben, bis die gewünschte Konsistenz erreicht ist. Sie können das Kürbisfleisch auch mit Apfelmus mischen oder mit einer Prise gemahlenem Zimt würzen.

Pastinaken-Spinat-Süßkartoffel-Brei ❄

Spinat enthält reichlich Eisen, kann vom Körper aber nur zusammen mit Vitamin C verwertet werden. Daher empfiehlt sich die Kombination mit Süßkartoffel, Apfel oder Pastinake, die alle einen hohen Gehalt an Vitamin C haben.

ERGIBT 5 PORTIONEN

etwas Butter
1 mittelgroße Pastinake, geschält und in Würfel geschnitten
250 g Süßkartoffel, geschält und in Würfel geschnitten
1 Apfel, geschält, ohne Kerngehäuse und in Würfel geschnitten
250 ml ungesalzene Gemüsebrühe (Seite 48) oder Wasser
75 g Baby-Spinat

Die Butter in einer Pfanne zerlaufen lassen, gewürfelte Pastinake, Süßkartoffel und Apfel darin 2–3 Minuten andünsten, Wasser oder Brühe hinzufügen. Zum Kochen bringen, dann die Hitze reduzieren und 15 Minuten sieden, bis alles weich ist. Den Spinat dazugeben und weitere 2 Minuten sieden. Pürieren.

Süßes Gemüse-Potpourri ❋

Wurzelgemüse wie Steckrüben, Möhren und Pastinaken ergeben nahrhafte Breie für kleine Babys. Butternut-Kürbis und Gartenkürbis können für diesen Brei ebenfalls verwendet werden.

ERGIBT 5 PORTIONEN

100 g Möhren, geschält und klein geschnitten
100 g Steckrübe, geschält und klein geschnitten
100 g Kartoffeln, Butternut-Kürbis oder Gartenkürbis, geschält und klein geschnitten
50 g Pastinake, geschält und klein geschnitten
300 ml Wasser oder Milch (ab sechs Monaten kann zum Kochen Kuhmilch verwendet werden)

Das Gemüse mit Wasser oder Milch in einen Topf geben. Zum Kochen bringen und 25–30 Minuten auf dem Herd lassen, bis es weich ist. Mit einem Schaumlöffel herausheben und im Mixer pürieren. Dabei so viel Kochflüssigkeit hinzufügen, bis die passende Konsistenz erreicht ist. Alternativ das Gemüse 15–20 Minuten weich dämpfen, dann mit etwas Wasser aus dem Dämpferuntersatz oder Babymilch pürieren.

Süßkartoffel-Kürbis-Brei ❋

Beim Backen von Süßkartoffeln oder Kürbis wird der enthaltene Zucker karamellisiert. Das macht die natürliche Süße noch intensiver. Würzen Sie den Brei nach Lust und Laune mit ein paar frischen Thymianblättchen oder gemahlenem Zimt.

ERGIBT 5 PORTIONEN

1 kleiner oder ½ großer Butternut-Kürbis, geschält,
　entkernt und in 2,5 cm große Würfel geschnitten
1 Süßkartoffel, geschält und in 2,5 cm große Würfel geschnitten
reichlich Butter
2 EL Wasser
etwas Muttermilch oder Säuglingsmilch

Den Backofen auf 200 Grad vorheizen. Ein Backblech mit Alufolie auslegen und Kürbis und Süßkartoffel darauf verteilen. Die Butter zerlaufen lassen, das Gemüse damit bestreichen und mit Wasser besprenkeln. Mit Alufolie abdecken, die Enden mit der unteren Folie eindrehen, sodass ein Paket entsteht. Das Gemüse backen, bis es weich ist (etwa 30 Minuten). Etwas abkühlen lassen, mit dem ausgetretenen Saft pürieren, falls nötig mit Muttermilch oder Säuglingsmilch verdünnen.

Variation: Kürbis-Birnen-Brei | 1 mittelgroßen Butternut-Kürbis schälen und klein schneiden und 12 Minuten dämpfen. 1 reife Birne schälen, Kerngehäuse entfernen und klein schneiden, zum Kürbis in den Dämpfer geben und weitere 5 Minuten garen, bis der Kürbis weich ist. Pürieren.

Lauch-Süßkartoffel-Erbsen-Brei ❄

Süßkartoffeln eignen sich hervorragend als Babykost. Nehmen Sie am besten Süßkartoffeln mit orangefarbenem Fruchtfleisch, da sie besonders viel Beta-Carotin enthalten.

ERGIBT 5 PORTIONEN

- 50 g Lauch, gewaschen und in Scheiben geschnitten
- 400 g Süßkartoffeln, geschält und klein geschnitten
- 300 ml Gemüsebrühe (unten)
- 50 g Tiefkühl-Erbsen

Den Lauch und die Süßkartoffelstücke in einen Topf geben, die Gemüsebrühe darübergießen und zum Kochen bringen. Zugedeckt 15 Minuten sieden. Dann die Erbsen dazugeben und weitere 5 Minuten sieden. Im Mixer pürieren.

Gemüsebrühe ❄

Gemüsebrühe bildet die Grundlage vieler Gemüserezepte. Gekühlt ist sie bis zu einer Woche haltbar, daher lohnt es sich, einen Vorrat zu kochen, frei von Zusätzen und Salz.

ERGIBT ETWA 900 ML

- 1 große Zwiebel, geschält
- 125 g Möhren, geputzt
- 1 Stange Bleichsellerie
- 175 g gemischtes Wurzelgemüse (Süßkartoffeln, Steckrüben, Pastinaken), geschält
- 1 Stange Lauch
- 25 g Butter
- 1 Kräutersträußchen aus verschiedenen Kräutern
- 1 Stängel frische Petersilie
- 1 Lorbeerblatt
- 6 schwarze Pfefferkörner
- 900 ml Wasser

Das Gemüse klein schneiden. Die Butter in einem großen Topf zerlaufen lassen und die Zwiebel darin 5 Minuten andünsten. Die weiteren Zutaten hinzufügen, mit dem Wasser bedecken. Zum Kochen bringen und etwa 1 Stunde leise sieden lassen. Abseihen, dabei sämtliche Restflüssigkeit aus dem Gemüse durch ein Sieb ausdrücken.

Fruchtiger Butternut-Kürbis ❄

Am liebsten gare ich Butternut-Kürbis im Backofen. Babys mögen ihn gerne zusammen mit Obst. Sie können den Kürbis im Backofen weich garen und dann mit reifem, frischem Obst pürieren, das man roh verwenden kann, oder mit gekochten Obstbreien wie Apfelmus.

ERGIBT 2–3 PORTIONEN

250 g Butternut-Kürbis
Sonnenblumenöl zum Backen
1 reife Birne geschält und ohne Kerngehäuse oder 1 reifer Pfirsich, gehäutet und entkernt, klein geschnitten oder 2 Teelöffel Apfelmus

Den Ofen auf 200 Grad vorheizen. Ein Backblech mit Alufolie auslegen und den Butternut-Kürbis darauf verteilen. Mit etwas Sonnenblumenöl bestreichen. Mit einer weiteren Lage Alufolie abdecken, die Seiten miteinander umschlagen, sodass ein geschlossenes Paket entsteht. In etwa 30 Minuten weich garen. Wahlweise mit Birne, Pfirsich oder Apfelmus pürieren.

Möhren-und-Erbsen-Brei ❄

Sowohl Möhren als auch Erbsen sind von Natur aus süß, was Babys in der Regel sehr mögen.

ERGIBT 2 PORTIONEN

200 g Möhren, geputzt und in Scheiben geschnitten
40 g Tiefkühl-Erbsen

Die Möhrenscheiben etwa 15 Minuten dämpfen, die Erbsen dazugeben und weitere 5 Minuten dämpfen. Mit etwas Flüssigkeit aus dem Dämpferuntersatz pürieren. Alternativ die Möhren zugedeckt in einem Topf kochen, die Erbsen zugeben und weitere 5 Minuten kochen. Mit ausreichend Kochflüssigkeit zu einem sämigen Brei pürieren.

Brei aus Butternut-Kürbis, Erbsen, Brokkoli und Grünkohl ❄

Aus ernährungswissenschaftlicher Sicht spricht so vieles für Grünkohl, dass er in der Babykost nicht fehlen darf. Er enthält viel Eisen und Kalzium und ist reich an Vitaminen. Die hier gezeigte Kombination mit süßem Butternut-Kürbis eignet sich gut fürs erste Kennenlernen.

ERGIBT 4 PORTIONEN

2 EL Olivenöl
1 Zwiebel, in Ringe geschnitten
200 g Butternut-Kürbis
350 ml ungesalzene Gemüsebrühe
100 g Brokkoliröschen
40 g Grünkohlblätter, ohne Strunk, gewaschen
50 g Tiefkühl-Erbsen
20 g geriebener Parmesan

Das Öl in einer Pfanne erhitzen, Zwiebel und Butternut-Kürbis 1 Minute andünsten, mit Gemüsebrühe aufgießen. Zum Kochen bringen, dann Hitze reduzieren, zugedeckt 10 Minuten sieden lassen. Brokkoli, Grünkohl und Erbsen hinzugeben und weitere 6–8 Minuten weich garen. Zu einem glatten Brei pürieren. Parmesan hinzugeben und gut umrühren, bis er geschmolzen ist.

ERNÄHRUNGSPLAN (VIER BIS FÜNF MONATE)

1. Woche	Frühstück	Zwischen-mahlzeit	Mittagessen	Zwischen-mahlzeit	Schlafenszeit
1.–2. TAG	Brust/Flasche	Brust/Flasche	Brust/Flasche, Möhren oder Süßkartoffel	Brust/Flasche	Brust/Flasche
3.–4. TAG	Brust/Flasche	Brust/Flasche	Brust/Flasche, Butternut-Kürbis	Brust/Flasche	Brust/Flasche
5. TAG	Brust/Flasche	Brust/Flasche	Brust/Flasche, Apfel	Brust/Flasche	Brust/Flasche
6. TAG	Brust/Flasche	Brust/Flasche	Brust/Flasche, Möhren oder Süßkartoffel	Brust/Flasche	Brust/Flasche
7. TAG	Brust/Flasche	Brust/Flasche	Brust/Flasche, Birne und Baby-Reisflocken	Brust/Flasche	Brust/Flasche

2. Woche	Frühstück	Zwischen-mahlzeit	Mittagessen	Zwischen-mahlzeit	Schlafenszeit
1. TAG	Brust/Flasche	Brust/Flasche	Brust/Flasche, Möhren oder Pastinake	Brust/Flasche	Brust/Flasche
2. TAG	Brust/Flasche	Brust/Flasche	Brust/Flasche, **Süßes Gemüse-Potpourri**	Brust/Flasche	Brust/Flasche
3. TAG	Brust/Flasche	Brust/Flasche	Brust/Flasche, **Süßes Gemüse-Potpourri**	Brust/Flasche	Brust/Flasche
4. TAG	Brust/Flasche	Brust/Flasche	Brust/Flasche, **Apfel und Zimt**	Brust/Flasche	Brust/Flasche
5. TAG	Brust/Flasche	Brust/Flasche	Brust/Flasche Butternut-Kürbis	Brust/Flasche	Brust/Flasche
6. TAG	Brust/Flasche	Brust/Flasche	Brust/Flasche, **Süßkartoffel aus dem Backofen**	Brust/Flasche	Brust/Flasche
7. TAG	Brust/Flasche	Brust/Flasche	Brust/Flasche, Apfel und Birne	Brust/Flasche	Brust/Flasche

3. Woche	Frühstück	Zwischen-mahlzeit	Mittagessen	Zwischen-mahlzeit	Schlafenszeit
1. TAG	Brust/Flasche	Brust/Flasche, Banane	Brust/Flasche, **Süßkartoffel-Kürbis-Brei**	Brust/Flasche	Brust/Flasche
2. TAG	Brust/Flasche	Brust/Flasche, **Avocado und Banane**	Brust/Flasche, **Süßes Gemüse-Potpourri**	Brust/Flasche	Brust/Flasche
3. TAG	Brust/Flasche	Brust/Flasche, Apfel	Brust/Flasche, **Fruchtiger Butternut-Kürbis**	Brust/Flasche	Brust/Flasche
4. TAG	Brust/Flasche	Brust/Flasche, Apfel und Birne	Brust/Flasche, **Lauch-Kartoffel-Erbsen-Brei**	Brust/Flasche	Brust/Flasche
5. TAG	Brust/Flasche	Brust/Flasche, Mango	Brust/Flasche, **Süßkartoffel-Kürbis-Brei**	Brust/Flasche	Brust/Flasche
6. TAG	Brust/Flasche	Brust/Flasche, Mango und Banane	Brust/Flasche, **Fruchtiger Butternut-Kürbis**	Brust/Flasche	Brust/Flasche
7. TAG	Brust/Flasche	Brust/Flasche, **Apfel, Nektarine und Heidelbeere**	Brust/Flasche, Pastinake und Süßkartoffel	Brust/Flasche	Brust/Flasche

Diese Pläne sind nur als Richtlinie gedacht und hängen von vielen Faktoren ab, darunter auch dem Gewicht des Babys. Manche Babys mögen vielleicht nur einmal am Tag feste Kost, manche eine zweite feste Mahlzeit am Nachmittag.
Für **fett gedruckte** Speisen finden Sie die Rezepte in diesem Buch.
Obstsaft sollte mindestens im Verhältnis 1 : 10 mit abgekühltem, abgekochtem Wasser verdünnt werden. Oder man gibt Babys nur abgekühltes, abgekochtes Wasser zu trinken.

Die erste Beikost

ERNÄHRUNGSPLAN (FÜNF BIS SECHS MONATE)

1. Woche	Frühstück	Zwischen-mahlzeit	Mittagessen	Zwischen-mahlzeit	Schlafenszeit
1. TAG	Brust/Flasche	Brust/Flasche, **Dreifruchtbrei**	Brust/Flasche, **Möhren-und-Erbsen-Brei**	Brust/Flasche, **Pastinaken-Spinat-Süß-kartoffelbrei**	Brust/Flasche
2. TAG	Brust/Flasche	Brust/Flasche, **Pfirsich, Apfel und Birne**	Brust/Flasche, **Fruchtiger Butternut-Kürbis**	Brust/Flasche, **Kartoffeln, Zucchini und Brokkoli**	Brust/Flasche
3. TAG	Brust/Flasche	Brust/Flasche, **Apfel und Zimt**	Brust/Flasche, **Möhren- und Blumenkohlpüree**	Brust/Flasche, **Pastinaken-Spinat-Süß-kartoffelbrei**	Brust/Flasche
4. TAG	Brust/Flasche	Brust/Flasche, **Avocado und Banane**	Brust/Flasche, **Lauch-Süßkartoffel-Erbsen-Brei**	Brust/Flasche, **Fruchtiger Butternut-Kürbis**	Brust/Flasche
5. TAG	Brust/Flasche	Brust/Flasche, **Mango, Pfirsich und Banane**	Brust/Flasche, **Brei aus Butternut-Kürbis, Erbsen, Brokkoli und Grünkohl**	Brust/Flasche, **Pastinaken-Spinat-Süß-kartoffelbrei**	Brust/Flasche
6. TAG	Brust/Flasche	Brust/Flasche, **Dreifruchtbrei**	Brust/Flasche, **Süßkartoffel aus dem Backofen**	Brust/Flasche, **Lauch-Süßkartof-fel-Erbsenbrei**	Brust/Flasche
7. TAG	Brust/Flasche	Brust/Flasche, **Apfel, Nektarine und Heidelbeere**	Brust/Flasche, **Brei aus Butternut-Kürbis, Erbsen, Brokkoli und Grünkohl**	Brust/Flasche, **Kartoffeln, Zucchini und Brokkoli**	Brust/Flasche

2. Woche	Frühstück	Zwischen-mahlzeit	Mittagessen	Zwischen-mahlzeit	Schlafenszeit
1. TAG	Brust/Flasche, Haferflockenbrei, **Aprikose und Birne**	Brust/Flasche	Brust/Flasche, **Süßkartoffel-Kürbis-Brei**	Brust/Flasche, **Möhren-Erbsen-Brei, Mango**	Brust/Flasche
2. TAG	Brust/Flasche, Baby-Getreide-flocken, **Mango und Banane**	Brust/Flasche	Brust/Flasche, **Pastinaken-Spinat-Süßkartoffel-Brei**	Brust/Flasche, **Süßkartoffel-Kürbisbrei, Birne**	Brust/Flasche
3. TAG	Brust/Flasche, **Apfel, Nektarine und Heidelbeere**	Brust/Flasche	Brust/Flasche, **Brei aus Butternut-Kürbis, Erbsen, Brokkoli und Grünkohl**	Brust/Flasche, **Möhre-Erbsen-Brei, Apfel-Birnen-Brei**	Brust/Flasche
4. TAG	Brust/Flasche, Toast, Fingerfood	Brust/Flasche	Brust/Flasche, gedämpftes Gemüse, Mango	Brust/Flasche, **Pastinaken-Spinat-Süßkartoffel-Brei, Banane**	Brust/Flasche
5. TAG	Brust/Flasche, Avocado und Banane	Brust/Flasche	Brust/Flasche, **Brei aus Butternut-Kürbis, Erbsen, Brokkoli und Grünkohl**	Brust/Flasche, **Lauch-Süßkartof-fel-Erbsen-Brei, Pfirsich oder Birne**	Brust/Flasche
6. TAG	Brust/Flasche, Toast, Fingerfood	Brust/Flasche	Brust/Flasche, gedämpftes Gemüse, **Apfelmus**	Brust/Flasche, **Brokkoli-Trio, Apfel-Birnen-Brei**	Brust/Flasche
7. TAG	Brust/Flasche, Haferflocken-brei, Fingerfoods	Brust/Flasche	Brust/Flasche, **Lauch-Süßkartoffel-Erbsen-Brei**	Brust/Flasche, gedämpftes Gemüse, **getrocknete Aprikosen, Pfirsich oder Pflaumen**	Brust/Flasche

Diese Pläne sind nur als Richtlinie gedacht und hängen von vielen Faktoren ab, darunter auch dem Gewicht des Babys. Manche Babys mögen vielleicht nach dem Mittagessen oder der Zwischenmahlzeit am Nachmittag noch etwas Obst. Für fett gedruckte Speisen finden Sie die Rezepte in diesem Buch.
Obstsaft sollte mindestens im Verhältnis 1 : 10 mit abgekühltem, abgekochtem Wasser verdünnt werden. Oder man gibt Babys nur abgekühltes, abgekochtes Wasser zu trinken.

Im Alter von sieben bis neun Monaten entwickelt sich Ihr Baby sehr schnell. Die Hand-Augen-Koordination funktioniert schon ganz gut, und es ist geschickt genug, um mit Daumen und Zeigefinger Essen aufzunehmen. Erste Versuche mit dem Löffel sind auch schon möglich. Ein sieben Monate altes Baby hat vielleicht noch keine Zähne, aber das Zahnen wird sich ankündigen, indem der Speichelfluss stärker zunimmt und das Baby auf allem Möglichen herumkaut. Babys kommen mit einem Eisenvorrat auf die Welt, der etwa sechs Monate ausreicht. Danach müssen sie das benötigte Eisen aus der Nahrung beziehen. Bekommt ein Baby nicht mindestens 500 ml Muttermilch oder Säuglingsnahrung täglich, besteht die Gefahr, dass die tägliche Eisenration unter dem empfohlenen Wert liegt und dadurch die geistige und körperliche Entwicklung beeinträchtigt wird. Wichtig ist, Babys unter einem Jahr keine normale Kuhmilch als Hauptgetränk zu geben, da diese nicht so viel Eisen oder Vitamine enthält wie Muttermilch oder Säuglingsnahrung.

Weniger Milch, mehr Appetit

Wenn Ihr Baby sieben bis acht Monate alt ist, können Sie allmählich die Milchmahlzeiten reduzieren, damit es mehr Hunger auf feste Nahrung bekommt. Es sollte aber zwischen sechs Monaten und einem Jahr immer noch etwa 500–600 ml Muttermilch oder Säuglingsnahrung pro Tag zu sich nehmen. Zwischendurch können Sie ihm andere Milchprodukte geben und verdünnten Obstsaft oder ungesüßten Kräutertee zu den Mahlzeiten anbieten, wenn es durstig ist.

Am besten füllen Sie die Babyflasche ausschließlich mit Säuglingsnahrung, Muttermilch oder Wasser. Dauernuckeln an gesüßten Getränken ist die Hauptursache von Karies bei Kleinkindern, und Babys sind viel anfälliger dafür als größere Kinder oder Erwachsene. Ist Ihr Baby sechs Monate alt, sollten Sie es an einen speziellen Trinklernbecher gewöhnen, der ihm den Übergang vom weichen Sauger zum offenen Trinkgefäß erleichtert.

Lassen Sie immer Ihr Baby entscheiden, wie viel es essen möchte, und zwingen Sie es niemals, etwas zu essen, was es nicht mag. Versuchen Sie es lieber ein paar Wochen später noch einmal. Möglicherweise schmeckt es ihm zu einem späteren Zeitpunkt sehr gut.

Übrigens: Es ist normal, dass Babys in diesem Alter oft ziemlich dick sind. Sobald das Kind krabbelt und läuft, verliert es das überschüssige Gewicht automatisch.

Möglichst fettarme Ernährung mag für Erwachsene gut sein, Kinder hingegen brauchen viele Kalorien zum Wachsen. Verwen-

> Wenn Ihr Baby keine Milch mag und insgesamt weniger als 600 ml täglich trinkt, versuchen Sie es mit Rezepten wie Blumenkohl mit Käsesauce (Seite 81). Ein Schälchen Joghurt oder ein Stück Käse in der Größe eines Spielzeugautos entsprechen im Nährstoffgehalt etwa 60 ml Milch.

Fingerfood

Fingerfood eignet sich hervorragend, um neue Konsistenzen, Geschmacksnoten und Nährstoffe auf den Speiseplan zu bringen.

Das löst sich im Mund auf
* weich gedämpftes Gemüse wie Möhrenstangen oder kleine Brokkoli- und Blumenkohlröschen
* weiches Obst wie Banane, Pfirsich, reife Mango oder Birne

Das muss ein wenig gekaut werden
* Kartoffelstücke
* Toaststreifen ohne Kruste
* Pitabrotstreifen
* kleine Sandwiches

den Sie in den ersten beiden Lebensjahren Vollmilch und vermeiden Sie fettreduzierte Produkte.

Auswahl der Nahrungsmittel

Ihr Baby kann jetzt eiweißreiche Nahrung wie Eier, Käse, Hülsenfrüchte, Geflügel und Fisch essen. Beschränken Sie schwer verdauliche Nahrungsmittel wie Spinat, Linsen, Käse, Beeren und Zitrusfrüchte und machen Sie sich keine Sorgen, wenn Sie zum Beispiel Hülsenfrüchte, Erbsen oder Rosinen unverdaut in der Windel finden. Babys können die Schalen von Gemüse und Obst erst mit etwa zwei Jahren vollständig verdauen. Schälen, Zerdrücken und Pürieren von Obst und Gemüse unterstützt auf natürliche Weise die Verdauung. Wählen Sie bei Brot, Mehl, Nudeln und Reis möglichst die nährstoffreicheren Vollkornprodukte.

Wenn Ihr Baby die Sechsmonatsmarke überschritten hat und es problemlos Brot und andere glutenhaltige Nahrungsmittel isst, brauchen Sie ihm keine speziellen Baby-

Getreideflocken mehr zu geben, sondern können auf ganz normale Getreideflocken für Erwachsene zurückgreifen. Achten Sie aber darauf, dass sie nicht raffiniert sind und weder Zucker noch Salz enthalten.

Zu viele Vollkornprodukte sind nicht zuträglich, weil sie dem Körper des Babys wichtige Mineralstoffe entziehen können. Häufig kaufen Eltern fertige Babynahrung, weil sie mit Vitaminen und Mineralstoffen angereichert ist. Doch bei einer ausgewogenen Ernährung mit frischen Lebensmitteln bekommen Babys eine völlig ausreichende Menge an Vitaminen und Mineralstoffen. Fertignahrung ist in der Regel stark bearbeitet, und die feinere Konsistenz und der fade Geschmack verhindern, dass Babys einen ausgeprägten Geschmack entwickeln.

Zwieback enthält oft viel Zucker. Geben Sie Ihrem Baby lieber ein Stück Brot, auf dem es herumkauen kann, oder backen Sie den Zwieback selbst (Seite 112).

Kuhmilch ist als Hauptgetränk im ersten Lebensjahr nicht geeignet, weil sie nicht genügend Eisen und andere für das Wachstum nötige Nährstoffe enthält. Doch zum Kochen oder zum Anrühren für Getreideflocken kann sie durchaus verwendet werden.

Obst

Ihr Baby darf jetzt alle Obstsorten essen. Frisches und auch getrocknetes Obst bieten sich als ideale Zwischenmahlzeit an. Da unterschiedliche Obstsorten auch unterschiedliche Vitamine enthalten, sollten Sie Ihrem Baby auch verschiedene Früchte anbieten. Trockenobst ist ebenfalls eine gute Wahl, da es viele Nährstoffe liefert und mehr Kalorien enthält. Entfernen Sie immer sorgfältig alle Kerne aus dem Obst und geben Sie kleinen Babys nie ganze Trauben, da die Früchte schnell in Babys Luftröhre geraten können.

Vitamin C fördert die Aufnahme von Eisen, daher sind Vitamin-C-reiche Obstsorten wie Zitrusfrüchte oder Beeren für die Ernährung von Kindern sehr wichtig. Auch können Sie die Getreideflocken am Morgen gut mit verdünntem Orangensaft vermischen.

Füttern Sie anfangs Beeren und Zitrusfrüchte nur in kleinen Mengen, da sie schwer verdaulich sein können und manche Babys allergisch darauf reagieren. Kombinieren Sie sie mit anderen Obstsorten wie Apfel, Banane, Birne oder Pfirsich. Auch Kiwis können bei kleinen Kindern allergische Reaktionen auslösen. Das kommt zwar selten vor, doch sollten Sie Ihr Baby beobachten, insbesondere dann, wenn in der Familie schon Allergien oder Ekzeme und Asthma aufgetreten sind.

Gemüse

Ihr Baby kann nun alle Gemüsesorten essen. Bestimmte Sorten wie Spinat oder Brokkoli schmecken sehr intensiv und werden am besten mit Käsesauce oder Wurzelgemüse wie Süßkartoffel, Möhre oder Kartoffel kombiniert. Gemüse zusammen mit Obst schmeckt kleinen Kindern auch gut – versuchen Sie es einmal mit Butternut-Kürbis und Apfel oder Spinat und Birne. Gedämpftes Gemüse, zum Beispiel Möhrensticks oder kleine Blumenkohlröschen können Babys gut aus der Hand essen.

Eier

Eier sind eine ausgezeichnete Eiweißquelle und enthalten außerdem Eisen und Zink. Man kann Babys ab sechs Monaten Eier anbieten,

---

Es ist fast nicht möglich, für Babys Portionsgrößen anzugeben, da es erhebliche Unterschiede gibt, wie viel ein Kind isst. Die Nahrungsmenge, die ein Kind zum Wachsen braucht, kann bei identischem Alter und Gewicht stark variieren. Babys haben einen unterschiedlichen Stoffwechsel, manche bewegen sich mehr als andere, und die Eltern bereiten Mahlzeiten mit unterschiedlich hohem Kaloriengehalt zu. Hinzu kommt, dass sich die Mengen, die ein Baby isst, von Woche zu Woche ändern können, auch das ist normal. Ein sieben Monate altes Baby sollte im Idealfall dreimal täglich feste Kost bekommen. Sicherheitshalber sollte es regelmäßig gewogen werden. Entwickelt es sich analog einer vorgegebenen Gewichtskurve und zeigt keine großen Abweichungen, bekommt es genau die richtige Menge an Nahrung. Man beobachtet diese, um zu verhindern, dass ein Baby in seinem Wachstum mehrere Linien überschneidet und sich dann analog einer niedrigeren Kurve entwickelt. Dies würde zu Wachstumsstörungen führen und die optimale Entwicklung beeinträchtigen.

Übrigens: Tiefkühlgemüse landet innerhalb weniger Stunden nach der Ernte im Eisfach und enthält daher oft genauso viele Nährstoffe wie frisches. Es eignet sich hervorragend für Babykost und kann nach dem Kochen wieder eingefroren werden.

aber wegen des Risikos einer Salmonelleninfektion auf keinen Fall roh oder weich gekocht. Eiweiß und Eigelb sollten durch und durch fest sein. Hart gekochte Eier, Omeletts und gut durchgebratenes Rührei sind schnell zubereitet und nahrhaft.

Fisch

Oft mögen Kinder keinen Fisch, weil sie ihn fad und langweilig finden. Kombinieren Sie Fisch aber mit Herzhaftem, z. B. Lachs mit Möhren, Tomaten und geriebenem Gouda oder Kabeljaufilet mit geriebenem Käse, Orangensaft und zerkleinerten Cornflakes (was wirklich lecker ist!), essen ihn Babys mit Begeisterung. Merken Sie Ihrem Kind die Vorfreude an, wenn es Fisch zum Essen gibt, dürfen Sie mit Recht stolz auf sich sein!

Fisch sollte man nicht zu lange kochen, weil er dann zäh wird und seinen Geschmack verliert. Er ist gar, wenn er sich gut mit der Gabel von den Gräten lösen lässt, aber noch fest ist. Achten Sie immer sehr sorgfältig darauf, dass er keine Gräten mehr enthält, bevor Sie ihn auf den Tisch bringen.

Fetter Fisch wie Lachs, Forelle, frischer Thunfisch und Sardinen ist besonders wichtig für die geistige Entwicklung, für das Nervensystem und die Ausbildung des Sehvermögens. Idealerweise sollte er zweimal pro Woche auf dem Speiseplan stehen. Fett ist ein wesentlicher Baustein des Gehirns, wie wichtig es ist, zeigt die Tatsache, dass es 50 Prozent der Kalorien in der Muttermilch ausmacht.

Fleisch

Prima eignet sich Hähnchen als erstes Fleisch. Es passt gut zu Wurzelgemüse wie Möhren und Süßkartoffel, die püriertem Hähnchen eine sämige Konsistenz verleihen. Auch Äpfel oder Trauben lassen sich gut mit Hähnchen

Vegetarische Ernährung

Vegetarische Ernährung ist bei Babys und Kleinkindern völlig in Ordnung, solange sie ausgewogen ist und nicht zu viele Ballaststoffe enthält. Im Gegensatz zu Erwachsenen ist ein Übermaß an Ballaststoffen für Kinder ungeeignet, weil diese wenige Kalorien und essentielle Fettsäuren enthalten und die Aufnahme von Eisen blockieren. Sie sollten insbesondere darauf achten, dass ausreichend Eiweiß, Eisen, Zink und B-Vitamine zur Verfügung stehen. Das alles wird normalerweise über den Konsum von Fleisch aufgenommen. Folgende Lebensmittel sind für ein vegetarisch ernährtes Baby besonders wichtig:

Milchprodukte, Eier, Bohnen und Hülsenfrüchte (z. B. Linsen, angereicherte Frühstücksflocken, Soja (z. B. Tofu), grüne Gemüsesorten (z. B. Spinat und Brokkoli), Trockenobst.

kombinieren. Selbst gemachte Hühnerbrühe bildet die Grundlage vieler Rezepte, daher ist es am besten, gleich größere Mengen zuzubereiten. Sie hält im Kühlschrank 3 bis 4 Tage. Sie sollten allerdings keine tiefgefrorene Brühe für Breie verwenden, wenn Sie sie dann wieder einfrieren wollen. Ungesalzene Brühe gibt es auch fertig zu kaufen.

> Nehmen Sie statt Hähnchenbrust auch einmal Hähnchenschenkel, das dunkle Fleisch enthält doppelt so viel Eisen und Zink wie das helle.

Eisenmangel ist das häufigste Ernährungsproblem in der frühen Kindheit, und die Symptome sind schwer zu erkennen. Vielleicht ist Ihr Baby ständig müde, blass und anfällig für Infektionen, oder Wachstum und Entwicklung scheinen sich zu verlangsamen. Die beste Eisenquelle ist rotes Fleisch, insbesondere Leber, die wegen der weichen Konsistenz und der leichten Verdaulichkeit ideal für Babys ist.

> Eisen ist wichtig für die geistige Entwicklung, und der Bedarf ist zwischen dem sechsten Lebensmonat und dem zweiten Lebensjahr am größten. Der Eisenvorrat, den das Baby bei der Geburt mitbekommt, ist nach etwa sechs Monaten aufgebraucht. Das Gehirn eines Babys vergrößert sich im ersten Jahr um das Dreifache, ein Eisenmangel in dieser Zeit kann sich auf die geistige Leistungsfähigkeit in späteren Jahren auswirken. Vor allem Babys zwischen zehn und zwölf Monaten bekommen häufig zu wenig Eisen.

Oft mögen kleine Kinder rotes Fleisch nicht so gerne, weil man es länger kauen muss. Wenn man es jedoch mit Wurzelgemüse oder Nudeln mischt, wird der Brei schön sämig und ist leichter zu schlucken.

Nudeln

Nudeln gehören zu den Lieblingsgerichten von Babys und Kleinkindern. Sie liefern viele Kohlenhydrate, und wenn Sie Suppennudeln wie beispielsweise Buchstaben oder Sternchen unter den Brei mischen, werden Kinder ab etwa acht Monaten zum Kauen animiert. Viele Gemüsebreie eignen sich hervorragend als Nudelsauce, und Sie können immer etwas geriebenen Käse darüberstreuen. Kaufen Sie Suppennudeln oder schneiden Sie Spaghetti klein. Verwenden Sie auch einmal Couscous, der ebenfalls wunderbar weich ist. Gerade Instant-Couscous ist schnell gar und passt ausgezeichnet zu gewürfeltem Hähnchenfleisch oder Gemüse.

Konsistenzen

Kleine Stücke sind anfangs häufig ein Problem. Wenn ein Baby zu lange nur ganz feine Breie bekommt, kann es schwierig sein, zur Teilnahme an den Familienmahlzeiten überzugehen. Es ist wirklich wichtig, neue Konsistenzen und kleine Stückchen im Essen so früh wie möglich einzuführen, denn je älter ein Baby ist, umso schwerer tut es sich, gröbere Speisen zu akzeptieren, und es kann passieren, dass Ihr Kind ein heikler Esser wird. Es ist einer der großen Vorteile, wenn man das Essen selbst zubereitet, dass man schrittweise zu gröberen Konsistenzen übergehen kann.

Da zum Kauen dieselben Muskeln benötigt werden wie zum Sprechen, fördert es die Sprachentwicklung, wenn das Baby durch gröbere Speisen früh zum Kauen angeregt wird. Auch wenn noch keine Zähne da sind, kann es mit dem Gaumen kauen üben.

Für den Übergang können Sie die Hälfte des Essens zerdrücken oder klein schneiden und unter den Brei mischen und das Verhältnis allmählich steigern, bis Sie gar nichts mehr pürieren. Gut durchgegartes Rührei oder Risotto eignen sich ebenfalls gut, um zu fester Nahrung überzugehen.

Ernährung von Frühchen

Für frühgeborene Kinder wird empfohlen, im Alter von fünf bis acht Monaten mit Beikost zu beginnen. Dabei rechnet man ausgehend vom tatsächlichen Geburtsdatum. Während man bei voll ausgetragenen Kinder erst ab sechs Monaten Beikost einführen sollte, kann ein Frühchen davon profitieren, wenn es schon früher feste Nahrung bekommt. Da Nährstoffe wie Eisen und Zink erst in den letzten Schwangerschaftswochen im Körper des Babys eingelagert werden, haben Frühchen einen gewissen Nachholbedarf, und sie sollten möglichst viele nährstoffreiche Speisen wie Käse, Avocado und Kartoffeln bekommen. Besprechen Sie das auch mit Ihrem Kinderarzt.

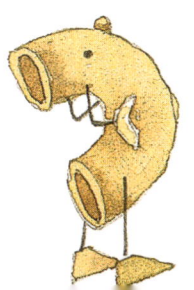

OBST

Pfirsich, Apfel und Joghurt

Neben viel Obst und Gemüse braucht Ihr Baby auch reichlich Fett. Rezepte wie Gemüse in Käsesauce und Obstmischungen mit Joghurt bieten sich dafür an.

ERGIBT 4 PORTIONEN
2 Äpfel, ohne Kerngehäuse, gewürfelt
3–4 EL Wasser
2 reife Pfirsiche, abgezogen, entkernt und gewürfelt
75g Naturjoghurt (3,5 Prozent Fett)

Die Apfelstücke mit Wasser in einen Topf geben. Zum Kochen bringen, die Hitze reduzieren und zugedeckt 6 Minuten dünsten. Die Pfirsichstücke hinzufügen und weiter dünsten, bis alles weich ist. Zu einem glatten Brei pürieren, abkühlen lassen und im Kühlschrank kalt stellen. Kalt mit Joghurt vermischen.

Aprikosen-Birnen-Grießpudding ❄

Hartweizengrieß eignet sich hervorragend für einen köstlichen Milchpudding mit Obst, den Babys lieben. Sie können auch anderes Obst wie Mango verwenden und mehrere Obstsorten kombinieren, wie Pfirsich und Erdbeeren.

ERGIBT 4 PORTIONEN

25 g Hartweizengrieß
300 ml Milch
½ TL Vanilleextrakt
2 große reife Birnen, geschält, ohne Kerngehäuse und in Stücke geschnitten
25 g getrocknete Aprikosen, in Stücke geschnitten
3 EL Wasser

Den Hartweizengrieß mit 100 ml Milch in einer Schüssel glatt rühren. Die restliche Milch in einem Topf zum Kochen bringen und die Grießmasse einrühren. Gut verrühren, sodass keine Klümpchen vorhanden sind, aufkochen und 2 Minuten umrühren, bis die Masse eingedickt ist, dann das Vanilleextrakt unterrühren. Vom Herd nehmen.

Banane und Heidelbeeren

Bananen passen zu vielen verschiedenen Obstsorten. Versuchen Sie es auch einmal mit Pfirsich, Mango, getrockneten Aprikosen und Pflaumen. Oder verrühren Sie eine Bananen-Obst-Mischung mit etwas Naturjoghurt (3,5 Prozent Fett). Servieren Sie den Brei sofort, sonst wird die Banane braun.

ERGIBT 1 PORTION

25 g Heidelbeeren
1 EL Wasser
1 kleine reife Banane, geschält und in Scheiben geschnitten.

Die Heidelbeeren mit dem Wasser in einem Topf etwa 2 Minuten kochen oder bis die Beeren aufplatzen. Ganz kurz zusammen mit den Bananenscheiben glatt pürieren.

Bananentraum

Babys lieben Bananen, und nach diesem Rezept zubereitet schmecken sie besonders gut. Verwenden Sie Bananen, deren Schale schon braun gesprenkelt ist, denn dann haben sie die ideale Reife.

ERGIBT 1 PORTION

etwas Butter
1 kleine Banane, geschält und in Scheiben geschnitten
1 Prise gemahlener Zimt
2 EL frisch gepresster Orangensaft

Die Butter in einer kleinen Pfanne zerlaufen lassen, die Bananenscheiben dazugeben, mit etwas Zimt bestreuen und 2 Minuten braten. Den Orangensaft darübergießen und noch einmal 2 Minuten braten. Mit einer Gabel zerdrücken.

Sieben bis neun Monate

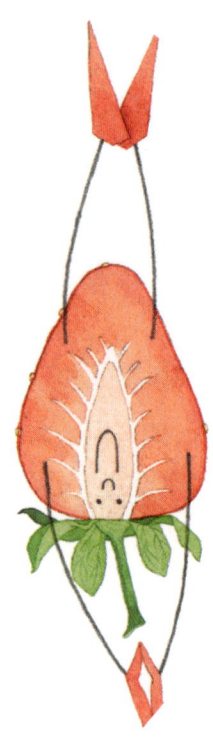

Pfirsich-Apfel-Erdbeer-Brei ❋

Den Pfirsich können Sie auch durch 25 g Heidelbeeren ersetzen.

ERGIBT 2 PORTIONEN
1 großer Apfel, geschält, ohne Kerngehäuse, klein geschnitten
1 großer, reifer Pfirsich, gehäutet, entkernt und klein geschnitten
75 g Erdbeeren, halbiert
1 EL Baby-Reisflocken

Den Apfel etwa 4 Minuten dämpfen, Pfirsich und Erdbeeren dazugeben und weitere 3 Minuten dämpfen. Das Obst zu einem glatten Brei pürieren und die Reisflocken unterrühren.

Aprikosen-Apfel-Pfirsich-Brei ❋

Getrocknete Aprikosen sind ein konzentrierter Nährstofflieferant, sie enthalten viel Eisen, Kalium und Beta-Carotin. Ihr süßer Geschmack kommt bei Babys meist gut an.

ERGIBT 5 PORTIONEN
75 g essfertige Trockenaprikosen
2 Äpfel, geschält, ohne Kerngehäuse und klein geschnitten
1 großer, reifer Pfirsich, gehäutet, entsteint und klein geschnitten oder
   1 reife Birne, geschält, entkernt und klein geschnitten

Die Aprikosen in einem kleinen Topf mit Wasser bedecken. Bei schwacher Hitze 5 Minuten kochen. Die Apfelstücke dazugeben und weitere 5 Minuten kochen. Mit dem Pfirsich oder der Birne pürieren.

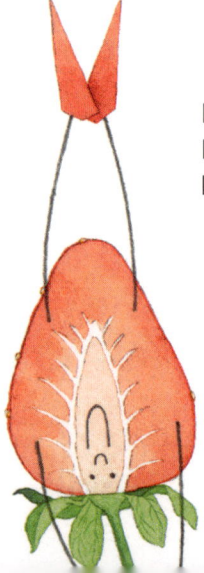

GEMÜSE

Linsenbrei ❄

Linsen sind eine gute, preiswerte Eiweißquelle und liefern auch Eisen, das besonders im Alter von sechs Monaten bis zwei Jahren für die geistige Entwicklung wichtig ist. Da Linsen für kleinere Babys unter Umständen schwer verdaulich sind, sollte man sie, wie hier beschrieben, mit viel frischem Gemüse kombinieren. Dieser herrliche Brei kann auch zu einer köstlichen Suppe für die ganze Familie abgewandelt werden, wenn Sie mehr Brühe hinzugeben und etwas pikanter würzen.

ERGIBT 8 PORTIONEN

½ kleine Zwiebel, fein gehackt
100 g Möhren, gehackt
15 g Sellerie, gehackt
1 EL Pflanzenöl
50g halbierte rote Linsen
200 g Süßkartoffel, geschält und klein geschnitten
400 ml Gemüse- (Seite 48) oder Hühnerbrühe oder Wasser

Zwiebel, Möhre und Sellerie etwa 5 Minuten im Pflanzenöl dünsten, bis alles weich ist. Linsen und Süßkartoffel dazugeben und Brühe oder Wasser zugießen. Zum Kochen bringen, dann die Hitze reduzieren und zugedeckt 20 Minuten sieden. Im Mixer pürieren.

Gebackene Süßkartoffel mit Orange ❉

Süßkartoffeln schmecken köstlich, wenn man sie wie Backofenkartoffeln zubereitet und mit Obst wie Apfel- oder Pfirsichbrei kombiniert. In ihnen stecken viele Kohlenhydrate, Vitamine und Mineralstoffe.

ERGIBT 8 PORTIONEN

1 mittelgroße Süßkartoffel, gebürstet
2 EL frisch gepresster Orangensaft
2 EL Milch

Die Süßkartoffel auf einem Blech im vorgeheizten Backofen bei 200 Grad etwa 1 Stunde garen, bis sie weich ist. Etwas abkühlen lassen, dann das Innere mit einem Löffel aus der Schale kratzen. Mit dem Orangensaft und der Milch zerdrücken oder pürieren.

Trio aus Blumenkohl, rotem Paprika und Mais ❉

Babys lieben an diesen Gemüsesorten die intensiven Farben und die natürliche Süße. Passieren Sie Mais für kleine Babys immer, um die unverdaulichen Schalen zu entfernen.

ERGIBT 4 PORTIONEN

100 g Blumenkohlröschen
120 ml Milch
50 g geriebener milder Käse
25 g rote Paprika, gewürfelt
75 g Tiefkühl-Mais

Den Blumenkohl mit der Milch in einen Topf geben und bei schwacher Hitze etwa 8 Minuten kochen, bis er weich ist. Den Käse einrühren und schmelzen lassen. In der Zwischenzeit Paprika und Mais dämpfen oder in einem kleinen Topf mit etwas Wasser etwa 6 Minuten kochen, bis beides gar ist. Paprika und Mais abtropfen lassen. Mit dem Blumenkohl und der Milch passieren.

Tomaten und Möhren mit Basilikum ❄

Babys, denen man schon früh abwechslungsreiche Geschmackserlebnisse ermöglicht, sind meist auch später keine heiklen Esser.

ERGIBT 4 PORTIONEN

125 g Möhren, geschält und in Scheiben geschnitten
100 g Blumenkohlröschen
25 g Butter
200 g reife Tomaten, gehäutet, entkernt und grob gehackt
2–3 frische Basilikumblättchen
50 g geriebener milder Käse

Die Möhren in einen kleinen Topf geben, mit kochendem Wasser bedecken und zugedeckt etwa 10 Minuten köcheln. Den Blumenkohl hinzufügen und ebenfalls zugedeckt weitere 7–8 Minuten garen. Falls nötig, etwas Wasser dazugeben. In der Zwischenzeit die Butter zerlassen und die Tomaten darin dünsten, bis sie zerfallen. Basilikum und Käse darüberstreuen. Den Käse schmelzen lassen. Möhren und Blumenkohl mit etwa drei Esslöffeln der Kochflüssigkeit und der Tomatensauce pürieren.

Süßkartoffel mit Spinat und Erbsen ❄

Dieses leckere Püree eignet sich gut zur Einführung von Spinat bei Babys.

ERGIBT 4 PORTIONEN

- 2 EL Sonnenblumenöl, etwas Butter
- 50 g Lauch, in dünne Ringe geschnitten
- 1 kleine Knoblauchzehe, durchgepresst
- 150 g Süßkartoffel, geschält und in Stücke geschnitten
- 150 g Kartoffeln, geschält und in Stücke geschnitten
- 200 ml kochendes Wasser
- 40 g frischer Spinat
- 40 g Tiefkühl-Erbsen
- 40 g milder Käse, gerieben

Sonnenblumenöl und Butter in einem kleinen Topf zerlaufen lassen und den Lauch etwa 4 Minuten darin weich dünsten. Den Knoblauch eine halbe Minute mitdünsten, Süßkartoffel und Kartoffel dazugeben, mit kochendem Wasser übergießen, dann zugedeckt 9 Minuten köcheln lassen. Spinat und Erbsen in den Topf geben und alle Zutaten weitere 3 Minuten garen. Vom Herd nehmen und den geriebenen Käse untermischen, schmelzen lassen. Das Gemüse im Mixer zu einem glatten Brei pürieren, falls nötig, mit etwas Milch verdünnen.

Zucchini, rote Paprika, Möhre und Spinat ❄

Ein schmackhaftes und schnelles Gericht aus vier verschiedenen Gemüsesorten. Möhren, rote Paprika und Spinat enthalten jede Menge Nährstoffe, die der Entwicklung Ihres Babys förderlich sind.

AB 6 MONATEN GEEIGNET / ERGIBT 4 PORTIONEN
2 TL Olivenöl
2 Zucchini, gewürfelt
150 g Möhren, geschält und in Scheiben geschnitten
1 rote Paprika, entkernt und gewürfelt
200 ml ungesalzene Gemüsebrühe (Seite 48)
50 g Spinat
20 g geriebener Parmesan

Das Öl in einer Pfanne erhitzen. Zucchini, Möhren und Paprika 1 Minute andünsten. Die Gemüsebrühe dazugießen, zum Kochen bringen, die Hitze reduzieren und alles zugedeckt 10 Minuten köcheln lassen. Den Spinat hinzugeben und weitere 5 Minuten garen. Zur gewünschten Konsistenz pürieren, den Käse unterrühren, bis er geschmolzen ist.

Zucchini-Erbsen-Brei ✽

Als ich diese Kombination ausprobierte, wurde der Babybrei so gut, dass ich eine köstliche Suppe für die ganze Familie daraus machte. Vervielfachen Sie dafür einfach die Zutaten und verwenden Sie Extrabrühe und Gewürze.

ERGIBT 4 PORTIONEN

1 kleine Zwiebel, geschält und fein gehackt
15 g Butter oder Margarine
50 g Zucchini, gewaschen, geputzt und in dünne Scheiben geschnitten
150 g Kartoffel, geschält und gewürfelt
1 TL Mehl
400 ml Hühner- oder Gemüsebrühe (Seite 48)
50 g Tiefkühl-Erbsen

Die Butter zerlaufen lassen, die Zwiebel darin 2–3 Minuten dünsten, bis sie weich ist. Zucchini und Kartoffel hinzufügen und unter Rühren 2 Minuten mitdünsten. Dann das Mehl einrühren und die Brühe dazugießen. Unter Rühren zum Kochen bringen, dann die Hitze reduzieren und zugedeckt 12 Minuten garen. Die Erbsen unterrühren und weitere 5 Minuten garen, bis alles weich ist. Im Mixer nach Wunsch pürieren, wenn der Brei zu dick ist, etwas Wasser oder Brühe untermischen.

Butternut-Kürbis-Zucchini-Gratin ❄

Butternut-Kürbis kommt bei Babys als erstes Gemüse gut an. Er enthält viel Vitamin A, Kalzium und Kalium, hat eine natürliche Süße und lässt sich leicht zu einem cremigen Brei pürieren.

ERGIBT 4 PORTIONEN

etwas Butter
250 g Butternut-Kürbis, geschält und in Würfel geschnitten
150 g Zucchini
175 g Lauch, gewaschen und in Ringe geschnitten
250 ml ungesalzene Gemüsebrühe (Seite 48)
2 EL Doppelrahm-Frischkäse
30 g geriebener mittelalter Gouda

Die Butter erhitzen, Kürbis, Zucchini und Lauch 1 Minute anbraten. Die Brühe hinzufügen, zum Kochen bringen, dann die Hitze reduzieren und zugedeckt 12–15 Minuten köcheln lassen, bis das Gemüse weich ist. Mit dem Frischkäse nach Wunsch pürieren. Den Käse unterrühren, bis er geschmolzen ist.

Lauch-Kartoffel-Brei ❄

Das war immer der Lieblingsbrei meiner Tochter Lara. Wenn Sie ihn etwas kräftiger würzen, eignet er sich auch hervorragend als Gemüsesuppe für Erwachsene.

ERGIBT 4 PORTIONEN

25 g Butter
125 g Lauch, in feine Ringe geschnitten
250 g Kartoffeln, geschält und gewürfelt
300 ml Hühner- oder Gemüsebrühe (Seite 48)
2 EL griechischer Joghurt

Butter in einer Pfanne erhitzen, Lauch hinzufügen und bei schwacher Hitze 5 Minuten dünsten. Kartoffeln und Brühe hinzugeben und zugedeckt etwa 12 Minuten köcheln lassen, bis alles weich ist. Das Gemüse abtropfen lassen und passieren, dabei so viel Kochflüssigkeit zugeben, dass ein glatter Brei entsteht. Zuletzt den Joghurt unterrühren.

Minestrone ❄

Das Gemüse macht die Minestrone gehaltvoller und kann von Babys gut gekaut werden. Für kleinere Babys ist es besser, die Suppe zu pürieren. Würzen Sie etwas kräftiger und verwenden Sie mehr Brühe, wird sie im Nu zu einer schmackhaften Suppe für den Rest der Familie.

ERGIBT 4 ERWACHSENEN- ODER 12 BABYPORTIONEN

1 EL Pflanzenöl
½ kleine Zwiebel, fein gehackt
1 Stange Lauch, nur der weiße Teil, gewaschen und fein gehackt
1 mittelgroße Möhre, geschält und gewürfelt
1 mittelgroße Kartoffel, geschält und gewürfelt
½ Stange Bleichsellerie, klein gewürfelt
1 EL Tomatenmark,
1,2 l Hühner- oder Gemüsebrühe (Seite 48)
30 g Tiefkühl-Erbsen
100 g grüne Bohnen, in 1 cm lange Stücke geschnitten
50 g Suppennudeln

Öl in einem Topf erhitzen, Zwiebel und Lauch 2 Minuten andünsten, dann Möhre, Kartoffel und Sellerie hinzufügen, weitere 3 Minuten andünsten. Tomatenmark einrühren und eine halbe Minute weiter dünsten. Mit Brühe aufgießen, aufkochen, dann die Hitze reduzieren und 10 Minuten zugedeckt köcheln lassen. Die gefrorenen Erbsen, die Bohnen und die Nudeln dazugeben, noch einmal 8–10 Minuten kochen – beachten Sie die Kochzeit der Nudeln (Packungsanweisung).

Tipp: Dazu passt gut etwas geriebener Parmesan.

Blumenkohl mit Käsesauce ❄

Dieses Gericht essen Babys sehr gerne. Probieren Sie es mit verschiedenen Käsesorten oder Käsemischungen, bis Sie herausgefunden haben, was Ihrem Kind am besten schmeckt. Die Käsesauce passt auch gut zu buntem Gemüse.

ERGIBT 5 PORTIONEN
175 g Blumenkohlröschen
KÄSESAUCE
15 g Butter
1 EL Speisestärke
150 ml Milch
50 g geriebener milder Käse

Die Blumenkohlröschen vorsichtig waschen und dämpfen, bis sie weich sind (etwa 10 Minuten). Inzwischen für die Sauce die Butter bei schwacher Hitze in einem Topf zerlassen und die Stärke hineinrühren, sodass ein glatter Brei entsteht. Unter Rühren die Milch hinzufügen und weiterrühren, bis die Sauce eindickt. Den Topf vom Herd nehmen und den geriebenen Käse hineinrühren. So lange rühren, bis der Käse ganz geschmolzen und die Sauce glatt ist.

Den Blumenkohl in die Sauce geben. Für kleinere Babys im Mixer pürieren, für größere mit der Gabel zerdrücken oder in kleine Stückchen schneiden.

Tipp: Damit in der Käsesauce keine Klümpchen entstehen, muss die Milch zum Aufgießen der Mehl-Butter-Mischung warm sein.

FISCH

Scholle mit Gemüse und Käsesauce ❄

Fischfilet und Käsesauce passen gut zusammen. Buntes Gemüse und frischer Dill sorgen für viele Vitamine und ein neues Geschmackserlebnis.

ERGIBT 5 PORTIONEN

- 200 ml Milch
- 175 g gehäutetes Schollenfilet
- 2 EL Olivenöl
- 1 Stange Lauch, gewaschen und in dünne Ringe geschnitten
- 200 g Möhren, geschält und in dünne Scheiben geschnitten
- 300 ml Wasser
- 75 g Brokkoli, in kleine Röschen zerteilt
- 50 g Tiefkühl-Erbsen
- 20 g Butter
- 1½ EL Mehl, 1 EL Dijon-Senf
- 1 EL Zitronensaft
- 2 EL frischer, gehackter Dill
- 40 g geriebener Parmesan

Die Milch in einer Pfanne zum Kochen bringen, das Schollenfilet dazugeben, die Hitze reduzieren und 5 Minuten leise köcheln lassen, bis der Fisch durchgegart ist. Den Fisch vorsichtig herausheben, die Milch zur Seite stellen.

In einer anderen Pfanne das Öl erhitzen, Lauch und Möhren hinzufügen und 1 Minute anbraten. Das Wasser angießen, die Hitze reduzieren und 10 Minuten garen. Den Brokkoli dazugeben und weitere 5 Minuten köcheln, dann die Erbsen einrühren und nochmals 4 Minuten garen. Wenn das Gemüse schön weich ist, cremig pürieren.

Für die Sauce die Butter in einem kleinen Topf zerlassen und das Mehl hineinrühren, kurz durchrühren. Die übrige Milch dazugeben und so lange rühren, bis eine glatte weiße Sauce entsteht. Senf, Zitronensaft, Dill und Käse unterrühren. Wenn der Käse geschmolzen ist, das Gemüse und den Fisch dazugeben und alles vorsichtig vermischen.

Fischfilet in Orangensauce ❄

Das ist seit 15 Jahren eines der beliebtesten Rezepte. Zu Recht, denn es schmeckt einfach köstlich.

ERGIBT 5 PORTIONEN

250 g Fischfilet, gehäutet (z. B. Kabeljau, Schellfisch oder Seehecht)
Saft von 1 Orange (etwa 120 ml)
40 g milder Käse, gerieben
1 TL fein gehackte, frische Petersilie
25 g zerkleinerte Cornflakes
7 g Margarine

Den Fisch in eine eingefettete Form geben, mit Orangensaft, Käse, Petersilie und Cornflakes bedecken und die Margarineflöckchen darauf verteilen. Mit Alufolie bedecken und im vorgeheizten Ofen bei 180 Grad (Gas Stufe 4) etwa 20 Minuten garen. Oder zugedeckt in der Mikrowelle bei 600 Watt 4 Minuten garen.

Den Fisch mit der Gabel zerteilen und sorgfältig alle Gräten entfernen und alle Zutaten zusammen mit der Kochflüssigkeit zerdrücken.

Lachs mit Möhren und Tomaten ❄

Diese Zutaten ergeben einen sehr schön cremigen Brei.

ERGIBT 4 PORTIONEN

225 g Möhren, geschält und in Scheiben geschnitten
150 g Lachsfilet
½ EL Milch (oder eine ausreichende Menge, um den Lachs ganz zu bedecken)
30 g Butter
2 reife Tomaten, gehäutet, entkernt und klein geschnitten
40 g geriebener milder Käse

Die Karotten im Dämpfer über heißem Wasser in 15–20 Minuten weich garen. Währenddessen den Fisch in ein Mikrowellengefäß legen, die Milch dazugießen, die Hälfte der Butter in Flöckchen darauf verteilen, zudecken, eine Öffnung zum Entweichen der Luft vorsehen. In der Mikrowelle bei 600 Watt in 1½–2 Minuten garen. Oder den Lachs in eine kleine Pfanne legen, mit Milch übergießen, sodass er gerade bedeckt ist, und in etwa 4 Minuten garen.

Die restliche Butter in einer Pfanne zerlaufen lassen, die Tomaten darin weich dünsten. Vom Herd nehmen und den Käse darin schmelzen lassen. Die gekochten Möhren mit der Tomaten-Käse-Mischung pürieren. Die Kochflüssigkeit vom Fisch abgießen, den Fisch häuten und auf Gräten untersuchen. Den Fisch mit der Gabel zerteilen und mit den Möhren und Tomaten vermischen. Für kleinere Babys können Sie alles zusammen zu einem glatteren Brei pürieren.

> Fetter Fisch wie Lachs enthält reichlich Omega-3-Fettsäuren, die für sämtliche Organe wichtig sind. Besonders für die Entwicklung des Gehirns und der Sehkraft spielen sie ab dem Alter von sechs Monaten eine große Rolle. Bei Hautproblemen wie Neurodermitis können sie ebenfalls eine positive Wirkung zeigen.

Lachs mit Süßkartoffel und Spinat ❄

Frische Kräuter wie Basilikum sorgen in Babybreien für extra viel Geschmack.

ERGIBT 5 PORTIONEN

- 2 EL Olivenöl
- 1 Stange Lauch, gewaschen und klein geschnitten
- 200 g Süßkartoffel, geschält und in Würfel geschnitten
- 150 g frische Tomaten, klein geschnitten
- 175 ml ungesalzene Gemüsebrühe (Seite 48) oder Wasser
- 120 g Lachsfilet, gehäutet und in Würfel geschnitten
- 50 g Baby-Spinat
- 4 frische Basilikumblättchen
- 20 g geriebener Parmesan

Das Öl in einer kleinen Pfanne erhitzen, Lauch und Kartoffel darin einige Minuten lang anbraten, dann Tomaten und Brühe oder Wasser dazugeben. Zum Kochen bringen, die Hitze reduzieren und zugedeckt 12–15 Minuten köcheln lassen.

Lachs und Spinat hinzufügen und weitere 3–4 Minuten garen, bis alles gut durch ist. Basilikum und Käse dazugeben und zur gewünschten Konsistenz pürieren.

Kabeljaufilet mit Süßkartoffel ❄

In der orangefarbenen Süßkartoffel steckt reichlich Beta-Carotin, das vorbeugend gegen bestimmte Krebsarten wirkt.

ERGIBT 8 PORTIONEN

- 225 g Süßkartoffel, geschält
- 75 g Kabeljau, gehäutet und filetiert
- 2 EL Milch, etwas Butter
- Saft einer Orange (etwa 120 ml)

Die Süßkartoffel 10–12 Minuten dämpfen. Den Fisch in eine mikrowellengeeignete Form legen, die Milch darübergießen, Butterflöckchen darauf verteilen und zugedeckt in der Mikrowelle bei 600 Watt 2 Minuten garen, bis der Fisch durch ist. Alternativ können Sie den Fisch in einer Pfanne mit der Milch und der Butter 6–7 Minuten pochieren. Die gekochte Süßkartoffel mit dem abgetropften Fisch und dem Orangensaft im Mixer zu einem Brei pürieren.

HÄHNCHEN

Hühnerbrühe und »Mein erster Hähnchenbrei« ❄

Brühwürfel sind für Kinder unter einem Jahr nicht geeignet, da sie sehr viel Salz enthalten, daher bereite ich Hühnerbrühe selbst zu und verwende sie als Grundlage für Hähnchen- und Gemüsebreie. Im Kühlschrank ist sie 3 Tage haltbar. Für Kinder über einem Jahr können Sie 3 Brühwürfel dazugeben, wenn Sie möchten, dass die Brühe intensiver schmeckt. Anstatt eines Suppenhuhns können Sie auch die Knochen eines ausgelösten Grillhähnchens auskochen.

ERGIBT GUT 2 LITER

- 1 großes Suppenhuhn mit Innereien
- 2250 ml Wasser
- 2 Pastinaken
- 2 Stangen Lauch
- 3 große Möhren
- 2 große Zwiebeln
- 1 Stange Bleichsellerie
- 2 Stängel frische Petersilie
- 1 Kräutersträußchen mit verschiedenen Kräutern

Das Huhn in acht Stücke schneiden, sehr fette Haut entfernen. Gemüse waschen, putzen und falls nötig klein schneiden. Die Hühnerteile mit den Innereien in einen großen Topf geben. Gut mit Wasser bedecken, zum Kochen bringen und den Schaum abschöpfen. Restliche Zutaten hinzufügen und etwa 3 Stunden sieden lassen. (Wenn Sie die Hühnerbrust essen wollen, sollten Sie die Bruststücke nach etwa 90 Minuten herausnehmen, sonst werden sie zu trocken.)

Die Suppe über Nacht im Kühlschrank stehen lassen und morgens das fest gewordene Fett abschöpfen. Die Suppe durch ein Sieb gießen und die Brühe nach Geschmack würzen.

Sie können einen Teil der Hühnerbrust zusammen mit Gemüse Ihrer Wahl und etwas Brühe zu Hähnchen-Gemüsebrei für Ihr Baby pürieren. Durch Zugabe von Brühwürfeln und Gewürzen bekommen Sie auch eine wunderbare klare Brühe für größere Babys.

Fruchtiges Hähnchen mit Aprikosen ❄

Getrocknete Aprikosen enthalten reichlich Beta-Carotin, Eisen und Kalium, deren Konzentration durch das Trocknen noch zunimmt. Dieses Gericht können Sie mit 4 Esslöffeln gekochtem Reis oder Nudeln anreichern.

ERGIBT 3 PORTIONEN

- 2 EL Olivenöl
- ½ kleine Zweibel, gehackt
- 1 kleine Knoblauchzehe, durchgepresst
- 75 g Hähnchenbrust, in Stücke geschnitten
- 150 g Süßkartoffel, in Stücke geschnitten
- 3 getrocknete Aprikosen, klein geschnitten
- 150 ml geschälte Dosentomaten
- 150 ml ungesalzene Hühnerbrühe oder Wasser

Das Olivenöl in einer Pfanne erhitzen und die Zwiebel etwa 5 Minuten dünsten, bis sie weich ist. Knoblauch zufügen und 1 Minute mitdünsten. Das Hähnchen hinzufügen und 2–3 Minuten anbraten, bis sich die Poren schließen. Süßkartoffel, Aprikosen, Tomaten und Hühnerbrühe oder Wasser mit in die Pfanne geben. Zum Kochen bringen und zugedeckt etwa 5 Minuten köcheln lassen. Klein schneiden oder zur gewünschten Konsistenz pürieren.

Hähnchensalat-Brei

Einfacher geht es kaum! Für ein Kleinkind einfach die Zutaten klein schneiden, den Joghurt weglassen und stattdessen mit Mayonnaise oder Salatdressing vermischen.

ERGIBT 1 PORTION

- 25 g gekochtes Hähnchen ohne Knochen
- 1 Scheibe Gurke, geschält und gewürfelt
- 1 kleine Tomate, gehäutet, entkernt und gewürfelt
- 50 g Avocado, aus der Schale gehoben und gewürfelt
- 1 EL Joghurt (3,5 %)

Alle Zutaten zur gewünschten Konsistenz pürieren. Sofort servieren.

Hähnchen mit Süßkartoffel und Apfel ❄

Die Kombination aus Hähnchenfleisch und Süßkartoffel wird besonders sämig und schmeckt schön süß, so wie Babys es lieben.

ERGIBT 4 PORTIONEN

1½ EL Sonnenblumenöl
40 g Zwiebel, gehackt
100 g Hühnerbrustfilet, gewürfelt
½ Apfel, geschält und gewürfelt
300 g Süßkartoffel, geschält und gewürfelt
200 ml Hühnerbrühe

Das Öl in einer Pfanne erhitzen und die Zwiebel 2–3 Minuten darin anschwitzen. Das Fleisch dazugeben und anbraten, bis sich die Poren schließen. Den Apfel, die Süßkartoffel und die Brühe hinzufügen. Zum Kochen bringen, dann zugedeckt 12–15 Minuten köcheln lassen und anschließend pürieren.

Hähnchen auf ländliche Art mit Gemüse ❄

Die süßen Wurzelgemüse, kombiniert mit Apfel und frischem Thymian, sind für Babys eine Gaumenfreude.

ERGIBT 5 PORTIONEN

1 EL Olivenöl
1 Zwiebel, gehackt
2 Möhren, geschält und klein gewürfelt
1 Pastinake, geschält und klein gewürfelt
1 Apfel, geschält, ohne Kerngehäuse, gewürfelt
1 EL frische Thymianblättchen, gehackt
1 Hähnchenbrust ohne Haut oder 2 ausgelöste Hähnchenschenkel, gewürfelt
250 ml ungesalzene Gemüsebrühe (Seite 48)
15 g geriebener Parmesan

Das Öl in einer Pfanne erhitzen, Zwiebel, Möhren, Pastinaken, Apfel, frischen Thymian und Hähnchen bei guter Hitze 3–4 Minuten anbraten, dann die Brühe dazugießen und zum Kochen bringen. Die Hitze reduzieren und zugedeckt 15 Minuten leise köcheln lassen, bis das Gemüse weich ist. 200 g von der Hähnchen-Gemüse-Mischung aus der Pfanne nehmen und glatt pürieren. Das Püree zusammen mit dem Käse wieder in die Pfanne geben. Alles gut umrühren, bis der Käse geschmolzen ist.

Hähnchen mit Kichererbsen und Tomaten ❄

Ich nehme statt Hähnchenbrust gerne auch Hähnchenschenkel, denn sie sind intensiv im Geschmack und enthalten mehr Eisen.

ERGIBT 4 PORTIONEN

- 80 g Schalotten, in Ringe geschnitten
- 125 g Möhren, geschält und in Scheiben geschnitten
- 1 Knoblauchzehe, durchgepresst
- 2 EL Olivenöl
- 200 g Hähnchenschenkel, in Würfel geschnitten
- 75 g Kichererbsen (über Nacht eingeweicht und gekocht oder aus der Dose)
- 400 g Dosentomaten, klein geschnitten
- 2 EL Tomatenmark
- 15 g geriebener Parmesan

Schalotten, Möhren und Knoblauch 2 Minuten im Öl anschwitzen, Hähnchenfleisch und Kichererbsen hinzugeben und weitere 2 Minuten anschwitzen. Tomaten und Tomatenmark in den Topf geben, alles zum Kochen bringen, dann die Hitze reduzieren und zugedeckt 25 Minuten leise köcheln lassen, bis alles gut durch ist. Den Käse untermischen und nach Wunsch pürieren.

Hähnchen mit Kürbis, Möhren und Birne ❄

Ich finde die Kombination von Hähnchen mit Obst toll. Bei meinem Sohn, der Äpfel und Birnen gerne mochte, aber Hähnchen verweigerte, hat sie Wunder gewirkt.

ERGIBT 4–5 PORTIONEN

- 250 g Butternut-Kürbis, geschält und in Würfel geschnitten
- 150 g Möhren, geschält und in Scheiben geschnitten
- 1 reife Birne, ohne Kerngehäuse, klein geschnitten
- 150 g Hähnchenbrust oder Hähnchenschenkel, in Würfel geschnitten
- 200 ml ungesalzene Gemüsebrühe (Seite 48), Hühnerbrühe oder Wasser
- 20 g milder geriebener Käse

Gemüse, Birne und Hähnchenfleisch in einen Topf geben, die Flüssigkeit angießen. Zum Kochen bringen, die Hitze reduzieren und zugedeckt 15 Minuten leise köcheln, bis alles weich ist. Zur gewünschten Konsistenz pürieren und den Käse untermischen.

ROTES FLEISCH

Rinderhack mit Grünkohl und Butternut-Kürbis ❄

Die Blätter des Grünkohls sind eines der gesündesten Gemüse überhaupt. Sie enthalten jede Menge essentielle Vitamine und Mineralstoffe wie Eisen und Kalium. Kombiniert mit rotem Fleisch haben Sie ein wahres Superfood für Ihr Kind.

ERGIBT 5 PORTIONEN
1 EL Olivenöl
100 g Zwiebel, gehackt
100 g Bleichsellerie, gehackt
150 g mageres Rinderhack
1 Knoblauchzehen, durchgepresst
225 g Butternut-Kürbis, geschält und klein geschnitten
200 g Dosentomaten, klein geschnitten
200 ml ungesalzene Fleischbrühe
30 g Grünkohl ohne Strunk, in Stücke geschnitten
25 g geriebener Cheddar

Das Öl in einer Pfanne erhitzen. Zwiebel und Sellerie einige Minuten anschwitzen, Rinderhack und Gemüse zugeben und unter Rühren anbraten, bis es Farbe angenommen hat. Knoblauch und Kürbis in die Pfanne geben und weitere 2 Minuten braten, dann Tomaten und Brühe hinzugeben. Alles zum Kochen bringen, die Hitze reduzieren und zugedeckt 20 Minuten köcheln lassen. Den Grünkohl hinzufügen und weitere 10 Minuten garen. Vom Herd nehmen und zur gewünschten Konsistenz pürieren, dann den Käse unterrühren und schmelzen lassen.

Rindfleisch-Pastinaken-Püree ❄

Dieses Gericht eignet sich gut zur Einführung von rotem Fleisch, denn die Süße der Pastinake macht es bei Babys beliebt.

ERGIBT 5 PORTIONEN

1 TL Sonnenblumenöl
100 g Lauch, gewaschen und in Ringe geschnitten
175 g Pastinake, geschält und in Würfel geschnitten
100 g Möhren, geschält und in Scheiben geschnitten
100 g mageres Rinderhack
1 TL Tomatenmark
200 ml ungesalzene Fleischbrühe
2 Lorbeerblätter
ein paar Tropfen Worcestersauce

In einem Topf das Öl erhitzen und das Gemüse darin 5 Minuten anbraten, dann das Rinderhack zugeben und alles unter Rühren braten, bis es Farbe angenommen hat. Das Tomatenmark dazugeben, eine halbe Minute umrühren, dann die Brühe dazugießen und Lorbeerblätter und Worcestersauce hinzufügen. Zum Kochen bringen, die Hitze reduzieren und zugedeckt 20 Minuten garen bis alles weich ist. Vom Herd nehmen, die Lorbeerblätter entfernen und alles zur gewünschten Konsistenz pürieren.

Schmorfleisch mit Süßkartoffel ❄

Oft machen Eltern ihr Kind zu spät mit Fleisch bekannt. Eisenmangel ist ein gängiges Problem bei Kindern im Alter zwischen sechs Monaten und zwei Jahren. Der Eisenvorrat, den ein Baby bei der Geburt mitbekommt, ist mit sechs Monaten aufgebraucht, daher ist es wirklich wichtig, ab diesem Zeitpunkt Speisen mit hohem Eisengehalt anzubieten. Rotes Fleisch hat einen hohen Gehalt an Eisen, das vom Körper leicht aufgenommen werden kann. Rezepte wie dieses sanft gegarte Schmorgericht sind ideal, um Ihr Baby an Fleisch zu gewöhnen.

ERGIBT 6 PORTIONEN

20 g Butter oder Margarine
150 g Lauch, gewaschen und in Ringe geschnitten
125 g Rindersteak zum Schmoren, in Würfel geschnitten
1 EL Mehl
100 g Champignons, in Scheiben geschnitten
275 g Süßkartoffel, geschält und klein geschnitten
250 ml Hühnerbrühe
Saft von 1 Orange (etwa 120 ml)

In einem Schmortopf den Lauch in der Butter 4 Minuten andünsten. Das Fleisch im Mehl wenden, zum Lauch geben und bräunen. Die Pilze dazugeben und 1 Minute mitbräunen. Die Süßkartoffel, die Brühe und den Orangensaft dazugeben. Zum Kochen bringen, Deckel auflegen und im vorgeheizten Backofen bei 180 Grad (Gas Stufe 4) 1¼ Stunden schmoren, bis das Fleisch weich ist. Zur gewünschten Konsistenz pürieren, nach Bedarf etwas von der Kochflüssigkeit zugeben.

NUDELGERICHTE

Pasta mit Gemüse und Käse ❄

Wenn es mit einer Käsesauce kombiniert wird, finden die Kleinen oft mehr Gefallen am Gemüse. Kombinieren Sie nach Lust und Laune auch andere Gemüsesorten.

DIE SAUCE EIGNET SICH ZUM EINFRIEREN / ERGIBT 4 PORTIONEN

25 g Butter
2 EL Mehl
200 ml Milch, erwärmt
20 g geriebener Gouda, mittelalt
20 g geriebener Parmesan
75 g kleine Nudeln
70 g Möhren, geschält und in Scheiben geschnitten
40 g Brokkoli, in Röschen zerteilt

Die Butter zerlaufen lassen, das Mehl unterrühren, eine halbe Minute anschwitzen. Dann mit Milch aufgießen und gut umrühren, bis die Sauce dickflüssig und glatt ist, dann den Käse untermischen und zur Seite stellen.

Währenddessen die Nudeln nach Anweisung auf der Packung kochen und abgießen.

Die Möhren 6 Minuten dämpfen, Brokkoli dazugeben und weitere 5 Minuten dämpfen, bis das Gemüse weich ist. Alternativ die Möhren 5 Minuten in kochendem Wasser garen, den Brokkoli dazugeben und weitere 5 Minuten garen. Abgießen und die Käsesauce dazugeben. Pürieren und mit den Nudeln vermischen.

Meine erste Sauce Bolognese ❄

Eine leckere Sauce Bolognese kommt so gut wie immer an, auch wenn man etwas mehr Gemüse hineinschmuggelt. Für kleinere Babys sollten Sie die Sauce ein wenig pürieren, bevor Sie die Nudeln untermischen.

ERGIBT 4 PORTIONEN

1 EL Sonnenblumenöl
1 kleine Zwiebel, gehäutet und gehackt
½ Stange Bleichsellerie, fein gehackt
1 mittelgroße Möhre, geschält und geraspelt
1 Knoblauchzehe, durchgepresst
125 g mageres Rinderhackfleisch
200 g Dosentomaten, klein geschnitten
1 TL Tomatenmark
¼ TL frische Thymianblättchen
200 ml ungesalzene Fleischbrühe
75 g kleine Nudeln

Zwiebel, Sellerie, Möhre und Knoblauch im heißen Öl 5 Minuten anschwitzen. Das Hackfleisch dazugeben und unter gelegentlichem Rühren anbräunen lassen. Dann die Tomaten, das Tomatenmark, den Thymian und die Hühnerbrühe dazugeben. Alles zum Kochen bringen und 15 Minuten sieden lassen. Währenddessen die Nudeln nach Packungsanweisung kochen und abgießen. Mit der Sauce vermischen. Eventuell die Sauce vorher pürieren.

Popeye-Pasta ❄

ERGIBT 4 PORTIONEN
100 g tiefgekühlter oder 225 g frischer Spinat
40 g kleine Nudeln (zum Beispiel Suppennudeln)
15 g Butter
2 EL Milch
2 TL Frischkäse
40 g milder Käse, gerieben

Den Spinat nach Packungsanweisung zubereiten oder frischen Spinat tropfnass in der Mikrowelle oder in einem Topf bei schwacher Hitze garen, bis er weich ist. Das überschüssige Wasser ausdrücken. Die Nudeln nach Packungsanweisung kochen. Inzwischen in einer Pfanne die Butter zerlaufen lassen und den gekochten Spinat darin schwenken. Spinat mit Milch, Frischkäse und Käse in der Küchenmaschine fein hacken. Über die gekochten Nudeln geben.

Nudeln mit Tomaten-Basilikum-Sauce ❄

Babys essen Farfalle-Nudeln gern mit den Fingern.

ERGIBT 2 PORTIONEN SAUCE
15 g Butter
2 EL gehackte Zwiebel
150 g reife Tomaten, gehäutet, entkernt und gewürfelt
2 frische Basilikumblätter, zerpflückt
2 TL Frischkäse

Die Butter in einer Pfanne erhitzen und die Zwiebel darin weich dünsten. Die Tomaten hinzufügen und weitere 3 Minuten dünsten, bis sie zerfallen. Dann Basilikum und Frischkäse dazugeben und heiß werden lassen. Im Mixer pürieren.

Nudeln mit Tomate und Butternut-Kürbis ❋

Eine schmackhafte Tomatensauce mit der Note von Butternut-Kürbis und Käse.

ERGIBT 3 PORTIONEN

- 100 g Butternut-Kürbis, geschält und gewürfelt
- 25 g kleine Nudeln
- 10 Butter
- 2 mittelgroße Tomaten, gehäutet, entkernt und in kleine Stücke geschnitten
- 4 frische Basilikumblättchen, zerteilt
- 1 EL Crème fraîche oder Sahne

Den Kürbis weich dämpfen. In der Zwischenzeit die Nudeln nach Packungsanweisung kochen. Die Butter zerlaufen lassen und die Tomaten 3 Minuten darin dünsten, das Basilikum dazugeben. Mit dem Kürbis vermischen und die Crème fraîche oder Sahne unterrühren. Mit den Nudeln vermischen und servieren.

Sauce Neapolitana ❋

Probieren Sie diese köstliche Tomatensauce, die zu wirklich allen Nudelsorten passt – meine Kinder lieben dazu mit Ricotta und Spinat gefüllte Ravioli.

ERGIBT 4 PORTIONEN SAUCE

- 1 EL Olivenöl
- ½ kleine Zwiebel, geschält und gehackt
- ½ Knoblauchzehe, geschält und durchgepresst
- 50 g Möhre, geschält und gehackt
- 200 ml passierte Tomaten
- 3 EL Wasser
- 2 frische Basilikumblätter, zerpflückt
- 1 TL geriebener Parmesan
- 1 TL Frischkäse

Zwiebel, Knoblauch und Möhre etwa 6 Minuten im heißen Olivenöl andünsten. Passierte Tomaten, Wasser, Basilikum und Parmesan hinzufügen. Zugedeckt 15 Minuten kochen lassen. Die Sauce pürieren, dann den Frischkäse unterrühren. Mit den Nudeln vermischen und servieren.

ERNÄHRUNGSPLAN (SIEBEN BIS NEUN MONATE)

	Frühstück	Zwischen-mahlzeit	Mittagessen	Zwischen-mahlzeit	Schlafenszeit
1. TAG	Brust/Flasche	Brust/Flasche, Weetabix mit Milch, Banane	Hähnchen auf ländliche Art mit Gemüse, Obst	Brust/Flasche, **Tomate mit Möhren und Basilikum**, Obst	Brust/Flasche
2. TAG	Brust/Flasche	Brust/Flasche, Haferbrei, **Banane und Heidelbeeren**	Lachs, Süßkartoffel und Spinat, Obst	Brust/Flasche, **Blumenkohl mit Käsesauce**, Obst	Brust/Flasche
3. TAG	Brust/Flasche	Brust/Flasche, gut durchgegartes Rührei oder kleines Omelett, Obst	Rindfleisch-Pastinaken-Püree, Obst	Brust/Flasche, **Tomate mit Möhren und Basilikum**, Obst	Brust/Flasche
4. TAG	Brust/Flasche	Brust/Flasche, Toaststreifen, Käse, Obst	Linsenbrei, Aprikosen-Birnen-Grießpudding	Brust/Flasche, Hähnchen mit Süßkartoffel und Apfel, Obst	Brust/Flasche
5. TAG	Brust/Flasche	Brust/Flasche, Weetabix mit Milch, **Pfirsich-Apfel-Erdbeer-Brei**	Scholle mit Käsesauce, Obst	Brust/Flasche, **Zucchini, rote Paprika, Möhre und Spinat, Mango und Banane**	Brust/Flasche
6. TAG	Brust/Flasche	Brust/Flasche, Frühstücksflocken, **Aprikosen-Apfel-Pfirsich-Brei**	Linsenbrei, Aprikosen-Birnen-Grießpudding	Brust/Flasche, **Lachs mit Süßkartoffel und Spinat**, Obst	Brust/Flasche
7. TAG	Brust/Flasche	Brust/Flasche, Haferbrei, **Pfirsich-Apfel-Erdbeer-Brei**	Rinderhack mit Grünkohl und Butternut-Kürbis, Obst	Brust/Flasche, **Rinderhack mit Grünkohl und Butternut-Kürbis**	Brust/Flasche

Neun bis zwölf Monate

Gegen Ende des ersten Lebensjahres nimmt ein Baby normalerweise deutlich langsamer an Gewicht zu. Oft sind Babys, die bis dahin gute Esser waren, nun viel schwerer zu füttern. Lassen Sie das Baby möglichst im Hochstuhl am Familientisch essen. Wann immer es möglich ist, sollten Sie gemeinsam essen und die Mahlzeiten zu einem Gemeinschaftserlebnis machen. Wenn das Baby sieht, dass alle anderen am Tisch Spaß am Essen haben, will es sehr wahrscheinlich mitmachen.

Für viele Eltern ist das eine schwierige Phase: Das Baby hat Probleme mit gröberen Speisen und möchte viel lieber alleine essen, als gefüttert zu werden. Dabei geht manches daneben. Viele Babys verweigern größere Stückchen im Brei, kauen aber gerne auf Fingerfood wie Möhren, Gurkensticks oder Obststücken herum. Bieten Sie also nahrhaftes Fingerfood wie Huhn-Apfel-Bällchen (Seite 144), Lachsbällchen (Seite 140) oder fruchtige Eislollis (Seite 126) an, das tut auch dem Gaumen gut, wenn das Baby zahnt.

Geduld bei den Mahlzeiten

Geben Sie Ihrem Baby einen Löffel, um es damit experimentieren zu lassen. Der größte Teil des Essens wird wahrscheinlich auf Ihnen oder auf dem Fußboden landen, aber umso schneller lernt Ihr Baby selbst zu essen! Legen Sie vorsichtshalber eine Wachstuchdecke unter den Hochstuhl, damit das Essen aufgefangen wird. Am besten verwenden Sie zwei Teller und zwei Löffel. Aus dem einen füttern Sie das Baby, mit dem anderen (am besten ein Schüsselchen, das sich am Tisch festsaugt) kann es spielen. Sie werden bei den Mahlzeiten viel Geduld brauchen, denn viele Babys lassen sich in diesem Stadium leicht ablenken und spielen lieber mit ihrem Essen, als es zu

> In der Zeit kurz vor dem Abendessen bekommen Kinder besonders häufig Trotzanfälle, vor allem, wenn Sie mit dem Essen spät dran sind. Beugen Sie dem mit mundgerecht geschnittenen Möhren, Gurken oder Paprikaschoten vor. Wenn die Zwischenmahlzeit ausgefallen ist, sind Kinder meist schon hungrig und eher bereit, das Gemüse zu essen. Sollte Ihr Kind dann zur Mahlzeit schon satt sein, macht es nichts, es hat ja etwas Gesundes gegessen. Wenn ein Kind kein gekochtes Gemüse mag, heißt das noch lange nicht, dass es sich mit Rohkost genauso verhält. Versuchen Sie es also immer mit beiden Versionen. Kinder haben manchmal auch lieber eine ganze Möhre oder ein größeres Gurkenstück in der Hand.

verzehren. Wenn nichts anderes hilft, können Sie dem Kind ein kleines Spielzeug in die Hand geben. Dann kann man ihm häufig wie nebenbei den Löffel in den Mund schieben. Es isst, ohne richtig zu merken, was es tut, und das ohne Widerstand.

Geben Sie Ihrem Baby weiterhin Säuglingsnahrung oder Muttermilch als Hauptgetränk. Kuhmilch eignet sich als Getränk nicht so gut, da sie nur wenige der wichtigen Vitamine und

Mineralstoffe wie etwa Eisen enthält. Wenn Ihr Kind jetzt mehr Beikost bekommt, hat Milch auf dem Ernährungsplan nicht mehr eine so große Bedeutung. Trotzdem sollte das Baby aber immer noch mindestens 500 ml Milch (oder das Entsprechende an Milchprodukten) pro Tag zu sich nehmen. Milch enthält Eiweiß und Kalzium.

Wenn Sie einen Entsafter besitzen, können Sie damit leckere Obst- und Gemüsesäfte für Ihr Baby herstellen. Versuchen Sie es mit Mischsäften aus Apfel, Erdbeeren und Banane. Ihr Baby sollte jetzt schon aus dem Becher trinken, das Fläschchen braucht es nur noch für die warme Milch zur Schlafenszeit.

Achten Sie darauf, dass beim Essen der Fernseher aus und es im Raum ruhig ist. Gegen ein (abwaschbares) Spielzeug, mit dem das Baby hantiert, während es im Hochstuhl gefüttert wird, ist nichts einzuwenden, wenn es dadurch besser isst. Ein Löffel, mit dem es sich während des Fütterns beschäftigen kann, ist auch einen Versuch wert.

Zwischen dem neunten und zwölften Monat zahnt Ihr Kind, und schmerzendes Zahnfleisch kann es für eine Weile vom Essen abhalten. Machen Sie sich keine Sorgen, später oder am nächsten Tag wird es das Versäumte nachholen. Etwas Kaltes, auf dem das Baby herumkauen kann, zum Beispiel ein Stück Gurke oder ein gekühlter Beißring, lindert die Schmerzen. Manchmal hilft es auch, den Gaumen mit einem speziellen Gel einzureiben. Wenn der Speichelfluss sehr stark ist und um

den Mund wunde Stellen verursacht, können Sie zur Vorbeugung etwas Vaseline auftragen.

Wenn ein Baby lernt, alleine zu essen, sollte es auch herumprobieren und kleckern dürfen.

Die Nahrungsmittel

Sie können nun im Hinblick auf die Gerichte, die Sie für Ihr Baby zubereiten, etwas mehr wagen. Jetzt ist der richtige Zeitpunkt, es für Knoblauch und Kräuter zu begeistern. Beides ist sehr gesund. Kinder, die man schon früh an möglichst viele Geschmackserlebnisse gewöhnt, sind meist auch später keine heiklen Esser. Scheuen Sie sich nicht, Gewürze wie Garam Masala oder mildes Curry zu verwenden oder frische Kräuter wie Thymian oder Dill. Noch einmal: Zwingen Sie Ihr Baby nie, Gerichte zu essen, die es nicht mag! Probieren Sie es lieber in ein paar Tagen noch einmal damit. Versuchen Sie auch, den Speiseplan so abwechslungsreich wie möglich zu gestalten, denn das führt zu einer ausgewogenen Ernährung. Wenn Sie Ihrem Kind sein Lieblingsessen zu oft kochen, schmeckt es ihm möglicherweise bald nicht mehr.

> Gestalten Sie die Mahlzeiten als positives Erlebnis. Die meisten Kinder hassen es, wenn ständig das Gesicht abgewischt wird. Sparen Sie das für das Ende der Mahlzeit auf, es sei denn, es geht so chaotisch zu, dass es wirklich nötig ist. Nehmen Sie zum Abwischen von Mund und Händen ein weiches Tuch und warmes Wasser. Feuchttücher sind ungeeignet, weil der enthaltene Alkohol kleine Wundstellen vom Zahnen zusätzlich reizen kann.

Ihr Kind kann jetzt Beeren essen (sie sollten aber immer noch passiert werden – wegen der unverdaulichen Kerne). Götterspeise ist höchst spannend für das Baby – zum Anschauen, Anfassen und Essen. Wahrscheinlich isst es gern geraspeltes Obst und Gemüse.

Fetter Fisch wie Lachs, Sardinen und frischer Thunfisch enthält essentielle Fettsäuren und Eisen und ist daher besonders wichtig für die Entwicklung des Gehirns und des Sehvermögens. Fisch ist einfach zuzubereiten, und mit meinen Rezepten werden Sie bei Ihrem Baby Erfolg haben. Selbstverständlich muss Fisch immer ganz frisch sein.

Richten Sie das Essen auf dem Teller möglichst verlockend an. Wählen Sie kontrastreiche Farben und hübsche Formen. Mit etwas Fantasie können Sie das Essen in Form von Tieren oder kleinen Gesichtern servieren. Den Teller nie zu voll laden. Verwenden Sie Pastetenförmchen für kleine Portionen, zum Beispiel wenn Sie Hirtenauflauf oder Fish Pie zubereiten. Diese können Sie auch einfrieren.

Fleisch

Der beste Eisenlieferant ist rotes Fleisch. Wenn Sie frisches Hackfleisch verwenden, achten Sie auf gute Qualität und kaufen Sie es frisch beim Metzger anstatt fertig abgepackt. Ich habe festgestellt, dass es weicher und besser zu kauen ist, wenn ich es gekocht etwa 30 Sekunden in der Küchenmaschine fein hacke. Mischen Sie das Fleisch mit kleinen Nudeln in besonderen Formen oder mit Reis. Am besten geben Sie Ihrem Kind noch keine verarbeiteten Fleischprodukte wie beispielsweise Würstchen oder Pasteten. Die Mini-Fleischbällchen von Seite 150 eignen sich hervorragend als Fingerfood.

Konsistenzen und Mengen

Es kann leicht zur Gewohnheit werden, dem Baby nur weiche Nahrung zu geben, Sie sollten jedoch versuchen, die Konsistenz der Nahrung zu variieren. Man muss nicht alle Speisen pürieren. Nicht zu harte Nahrung kann das Baby prima ohne Zähne, nämlich einfach mit den Kauleisten zerkleinern. Geben Sie ihm das Essen zerdrückt (Fisch), gerieben (Käse), geschnitten (Möhren) oder in ganzen Stücken (Huhn, Weißbrot und rohes Obst). Was die Mengen angeht, so sollten Sie sich nach dem Appetit Ihres Babys richten. Sie können das Essen jetzt auch in größeren Behältern einfrieren und in einzelnen Portionen, zum Beispiel Hirtenauflauf in kleinen Auflaufförmchen. Viele Gerichte in diesem Kapitel kann auch die ganze Familie genießen – in diesem Fall sind Erwachsenenportionen bei den Rezepten mit angegeben.

Fingerfood

Mit etwa neun Monaten wird Ihr Baby vermutlich selbst essen wollen. Geben Sie ihm etwas, dass es aus der Hand essen kann. So ist es wunderbar beschäftigt, während Sie die eigentliche Mahlzeit vorbereiten. Sie können aber auch die ganze Mahlzeit so zubereiten, dass sie mit den Fingern gegessen werden kann.

Lassen Sie Ihr Kind beim Essen niemals unbeaufsichtigt, denn es kann sich auch an kleinen Stückchen Gemüse oder Fleisch sehr leicht verschlucken. Geben Sie ihm möglichst keine ganzen Nüsse, Obst mit Kernen, Weintrauben, Eiswürfel, Oliven oder andere Lebensmittel, die ihm im Hals stecken bleiben können.

Was tun bei Verschlucken?

Hat sich Ihr Baby verschluckt, legen Sie es mit dem Gesicht zum Boden auf Ihren Unterarm oder Schoß, sodass der Kopf tiefer liegt als die Brust. Stützen Sie den Kopf ab und geben Sie ihm mit der flachen Hand fünf kräftige Klapse zwischen die Schultern.

Obst und Eislollis

Wenn Sie Ihrem Kind Obst geben möchten, sollten Sie stets Kerne oder Stein entfernen. Wenn Ihr Baby Schwierigkeiten beim Kauen hat, geben Sie ihm Obst, das im Mund zer-

geht: Banane, Pfirsich oder geriebenes Obst. Beeren und Zitrusfrüchte sollte das Kind nur in ganz kleinen Mengen bekommen. Entfernen Sie die weißen Häutchen, so gut es geht.

Viele Babys beißen gern auf etwas Kaltem herum, wenn sie Zähne bekommen, weil das den schmerzenden Kiefer beruhigt. Eislollis kann man ganz einfach selbst machen: Lollibehälter mit leckeren Kombinationen aus Obstbrei, Fruchtsäften, Smoothies und Joghurt befüllen.

Trockenobst

In Trockenobst stecken jede Menge Ballaststoffe, Eisen und Energie. Kaufen Sie essfertiges Obst, das weich ist. Getrocknete Aprikosen sind manchmal mit Schwefeldioxid behandelt, damit die hellorange Färbung erhalten bleibt. Da sie bei anfälligen Babys einen Asthmaanfall auslösen können, sollten Sie solchen Produkten aus dem Weg gehen. Geben Sie Ihrem Kind nur wenig Trockenobst, denn es ist schwer verdaulich und wirkt abführend.

Gemüse

Geben Sie Ihrem Baby zu Anfang weich gekochte Gemüsesticks, die es gut festhalten und in kleinen Stückchen abbeißen kann.

Fruchtige Ideen
Äpfel, Aprikosen, Avocados, Bananen, Birnen, Clementinen, Erdbeeren, Heidelbeeren, Himbeeren, Kirschen, Kiwis, Mangos, Melonen, Nektarinen, Orangen, Papayas, Pfirsiche, Pflaumen, Tomaten, Weintrauben.

Noch mehr fruchtige Ideen
Apfelringe, Aprikosen, Backpflaumen, Bananenchips, Birnen, Datteln, Pfirsiche, Pflaumen, Rosinen, Sultaninen.

(Gemüse am besten immer dämpfen, um Vitamin C zu erhalten.) Kochen Sie dann das Gemüse immer kürzer, damit das Baby sich daran gewöhnt, fester beißen zu müssen. Und zum Greifenüben macht es Kindern Spaß, Erbsen und Maiskörner mit den Fingern aufzulesen.

Beherrscht Ihr Baby einmal die Kunst, gekochtes Gemüse selbst zu essen, können Sie beginnen, ihm gut gewaschenes, roh geraspeltes Gemüse und rohe Gemüsesticks zu geben. Rohe Gemüsestücke, zum Beispiel von Möhren und Gurken, kühlen schmerzendes Zahnfleisch sehr wirksam – das Gemüse

Halten Sie immer eine Auswahl an püriertem Gemüse (im Eiswürfelbehälter) im Tiefkühlfach parat, darunter die besonders beliebten Sorten wie Butternut-Kürbis, Süßkartoffel, Möhre und Erbsen, aber auch einige, die eher nicht so gern gegessen werden, wie Zucchini, Spinat oder Brokkoli. Tauen Sie die benötigte Menge auf, um sie unter ein Lieblingsgericht zu »mogeln«. Hier sind ein paar Ideen, wie Sie das anstellen können:

✻ unter Nudelsauce und kleine Nudeln mischen,
✻ in einer zerdrückten Kartoffel verstecken,
✻ einen Toast damit bestreichen und mit Käse belegen.

einfach einige Minuten im Gefrierfach oder in Eiswasser kühlen. Dazu muss das Baby noch nicht abbeißen können. Größere Stücke sind immer besser als kleine, denn das Baby kann daran herumknabbern, während es ein kleines Stück ganz in den Mund stecken und sich daran verschlucken könnte. Versuchen Sie es auch einmal mit Maiskolben, wenn Ihr Kind gut kauen kann. Schneiden Sie den Kolben in zwei oder drei Stücke, kleine Kinder lieben es, an den Kolben zu kauen und sie zu halten.

Gemüse schmeckt auch gut, wenn man es in Saucen oder Breie taucht. Probieren Sie, die Gemüsebreie als Dips zu verwenden.

Gemüse als Fingerfood

Blumenkohl, Brokkoli, neue Kartoffeln, Mais, Möhren, Paprikaschoten, Pilze, Süßkartoffeln, Zucchini

Brot und Zwieback

Auch Toast-, Zwieback- und feste Brotstücke, wie von Pitabrot, sind als Fingerfood gut geeignet, und man kann sie in Breie und Saucen eintunken. Reiskuchen gibt es in vielen Variationen, und sie sind beim Zahnen eine große Hilfe, weil sie nicht so leicht zerbröseln. Sie können auch ein Stück Toast mit Käse belegen und unter den Grill legen oder mit einem zuckerfreien Aufstrich anbieten.

Viele Zwiebacksorten für Babys enthalten so viel Zucker wie ein süßer Keks, und selbst Zwieback, der als zuckerreduziert deklariert ist, kann bis zu 15 Prozent Zucker enthalten. Im Drogeriemarkt ist aber auch zuckerfreier (Vollkorn-) Zwieback erhältlich.

Sie können die zuckerfreie Alternative jedoch ganz leicht selbst aus Vollkornbrot herstellen.

Selbst gemachter Zwieback

Für selbst gemachten, herzhaften Zwieback eine gut 1 cm dicke Scheibe Vollkornbrot in drei Streifen schneiden. Einen achtel Teelöffel Hefeflocken in einem Teelöffel kochendem Wasser auflösen und das Brot damit gleichmäßig bepinseln. Im vorgeheizten Backofen bei 180 Grad (Gas Stufe 4) 15 Minuten backen. Sie können anstatt des Hefeextrakts auch etwas geriebenen Käse verwenden, wenn Ihr Baby das lieber mag. Der Zwieback lässt sich im Voraus zubereiten und kann in einem luftdichten Behälter drei bis vier Tage aufbewahrt werden.

Mini-Sandwiches

Sandwiches in Streifen, Vier- oder Dreiecke geschnitten oder mit einer Keksform ausgestochen, sind bei kleinen Kindern sehr beliebt. Einige Anregungen für den Belag finden Sie hier. Lassen Sie einfach auch Ihre Fantasie spielen.

Vorschläge für den Belag

Zerdrückte Banane und/oder Erdnussbutter, Thunfisch mit Mais und Mayonnaise, Hummus, Hüttenkäse und Ananas, Frischkäse und Erdbeermarmelade, Käse, geriebener Käse und Tomaten, zerdrückte Sardinen mit Tomatenketchup, Mayonnaise und Kresse.

Frühstücksflocken

Babys essen Frühstücksflocken gern einzeln mit den Fingern. Wählen Sie mit Eisen und Vitaminen angereicherte Flocken ohne Zuckerzusatz.

Käse

Geben Sie Ihrem Baby anfangs geriebenen oder in hauchdünne Scheiben geschnittenen Käse. Sobald es kauen kann, können Sie ihm Stücke und Streifen geben. Ich habe festgestellt, dass folgende Sorten besonders gut ankommen: Edamer, Gouda, Emmentaler, Mozzarella, Gruyère, Cheddar sowie Frisch- und Hüttenkäse. Achten Sie immer darauf, dass der Käse, den Sie Ihrem Baby geben, aus pasteurisierter Milch hergestellt ist. Käsesorten mit intensivem Geschmack wie Blauschimmelkäse, Brie oder Camembert sind nichts für kleine Kinder.

Frühstücksknabbereien

Cornflakes, Reiswaffeln, Müsli, Knusperwaffeln

Nudeln

Nudeln gibt es in allen Formen und Größen, sie sind leicht zu kauen, und Babys lieben sie. Ich habe in diesem Buch einige Rezepte für Nudelsaucen, doch auch die meisten Gemüsebreie schmecken zu Nudeln. Außerdem können Sie die Nudeln einfach in zerlassener Butter schwenken und etwas geriebenen Käse darüberstreuen. Das kommt in der Regel auch bei heiklen Essern gut an.

Hähnchen

Hähnchenfleisch (oder Pute) in Scheiben oder kleine Stücke geschnitten kann man gut als Fingerfood anbieten. Nehmen Sie auch dunkleres Fleisch, das doppelt so viel Zink und Eisen enthält wie das weiße. Bumm-Bumm-Hähnchen und Hähnchen mit Cornflakes (siehe Seite 146–147) sind Gerichte, die Ihr Kind einfach mit der Hand essen kann.

Fisch

Weißer, magerer Fisch ist gut, weil er wenig Fett und viel Eiweiß enthält und leicht zu kauen ist. Sie können dem Baby die Stücke entweder einfach so oder mit einer Sauce geben. Fischstäbchen können Sie kinderleicht selber zubereiten: Fischfilet in Streifen schneiden, der Reihe nach in Mehl, verschlagenem

Ei und zerkrümelten Cornflakes wenden, dann in der Pfanne goldgelb ausbacken. Versuchen Sie auch die Lachsbällchen auf Seite 140. Achten Sie ganz besonders darauf, dass der Fisch keine Gräten mehr enthält, wenn Sie ihn servieren.

Zweimal pro Woche sollte öliger Fisch wie Lachs oder Sardinen auf dem Speiseplan stehen.

Frühstück

Die erste Mahlzeit am Tag ist für Groß und Klein wichtig, ganz besonders aber für energiegeladene Babys und Kleinkinder! Frühstücksrezepte dürfen nun etwas abwechslungsreicher und nahrhafter sein. Chiasamen, Gojibeeren und Weizenkeime sind besonders gut. Man kann sie über Getreideflocken oder Joghurt streuen. Getreideflocken mit Obst gemischt sorgen für einen köstlichen und nahrhaften Start in den Tag. Viele der Flocken schmecken anstatt mit Milch auch prima mit Apfelsaft.

Käse ist wichtig für starke Knochen und Zähne. Sie können Käse mit Brot anbieten oder in kleine Streifen geschnitten, die das Baby selbst halten kann. Eier sind reich an Eiweiß, Vitaminen und Eisen. Geben Sie Ihrem Baby Rührei oder Omelett und achten Sie darauf, dass Eiweiß und Eigelb ganz fest sind. Frisches Obst liefert Vitamine, Mineralstoffe und sogenannte sekundäre Pflanzenstoffe, die vorbeugend gegen Krebs wirken. Bieten Sie Obst in Stücken an, als Obstsalat oder, wie zum Beispiel Apfel oder Rhabarber, gedämpft.

Stark raffinierte, mit Zucker überzogene Getreideflocken sollten Sie meiden. Lassen Sie sich nicht von der Liste der zugesetzten Vitamine auf der Packung in die Irre führen – einfache und naturbelassene Getreideflocken sind wesentlich gesünder für Ihr Kind. Vollkornflocken liefern außerdem viel Eisen. Allerdings sollten Sie Ihrem Kind dazu verdünnten Orangensaft oder Erdbeeren geben, weil es das darin enthaltene Vitamin C braucht, um das Eisen zu verwerten.

FRÜHSTÜCK

Käse-Tomaten-Frühlingszwiebel-Omelett

In Eiern stecken ganz viele Nährstoffe, und ab sechs Monaten kann Ihr Baby sie essen, falls es in der Familie keine Allergien gibt. Sie sind so praktisch, weil man normalerweise immer welche im Kühlschrank hat und sie schnell zubereitet sind. Achten Sie darauf, dass sie frisch sind.

ERGIBT 1 KLEINES OMELETT (2 BABY-PORTIONEN)

etwas Butter
1 Frühlingszwiebel, in feine Ringe geschnitten
5 Kirschtomaten, klein geschnitten
2 Eier, verquirlt
2 EL Milch
20 g geriebener Parmesan
frisch gemahlener Pfeffer nach Belieben

Die Butter in einer beschichteten Pfanne zerlaufen lassen. Frühlingszwiebel 1–2 Minuten anschwitzen, die Tomaten dazugeben und 1 Minute mitdünsten, bis sie weich werden. Die Eier mit Milch und Käse in einer Schüssel verquirlen und mit etwas Pfeffer würzen. Die Mischung in die Pfanne gießen, das Ei von den Pfannenrändern lösen, während es am Boden zu stocken beginnt. Wenn das Omelett an den Rändern gar ist, vorsichtig von der Seite einschlagen und rollen. Goldbraun backen und darauf achten, dass es auch in der Mitte gut durch ist.

Bircher Müsli mit Früchten

Dieses herrliche Müsli lässt die ganze Familie gut in den Tag starten. Das Obst können Sie nach Belieben variieren und zum Beispiel Pfirsiche, Erdbeeren, Bananen oder Trockenaprikosen dazugeben.

ERGIBT 4 KINDERPORTIONEN ODER 2 ERWACHSENENPORTIONEN

65 g Haferflocken
15 g Weizenkeime
175 ml Apfelsaft
1 TL Zitronensaft
1 Apfel, geschält, ohne Kerngehäuse, geraspelt
1 Birne, geschält, ohne Kerngehäuse, in kleine Stücke geschnitten
1 EL Ahornsirup
120–150 ml Naturjoghurt

Haferflocken, Weizenkeime und Apfelsaft verrühren, einige Stunden stehen lassen oder über Nacht in den Kühlschrank stellen. Am nächsten Morgen den Zitronensaft mit dem geraspelten Apfel vermischen, unter die Hafermischung rühren, die Birnenstücke, den Ahornsirup und den Joghurt dazugeben.

Frühstück für Große

Leider enthalten die meisten Frühstücksflocken für Kinder Berge von Zucker. Ich gebe meinen Kindern lieber althergebrachte Produkte wie Haferflocken, Weetabix oder Müsli und süße mit frischem Obst.

ERGIBT 1 PORTION

½ Weetabix
1 kleine Banane
3 EL Naturjoghurt oder Milch

Weetabix fein zerkrümeln und die Banane zerdrücken. Alle Zutaten vermischen und servieren.

Meine Lieblingspfannkuchen ❄

Pfannkuchen zum Frühstück sind der Hit, und dieses Rezept gelingt immer. Man kann sie im Voraus zubereiten, im Kühlschrank aufbewahren und nach Bedarf aufwärmen. Zum Einfrieren einfach Backpapier zwischen die Pfannkuchen legen. Mit Ahornsirup und frischem Obst anrichten.

ERGIBT 12 PFANNKUCHEN

100 g Mehl
1 Prise Salz
2 Eier
300 ml Milch
50 g zerlassene Butter

Mehl in eine Rührschüssel sieben, Salz dazugeben, in der Mitte eine Grube machen und die Eier hineinschlagen. Die Eier von der Mitte aus mit einem Schneebesen allmählich mit dem Mehl verrühren und nach und nach die Milch dazugeben, sodass ein glatter Teig entsteht.

    Eine Pfanne mit 15–18 cm Durchmesser mit der geschmolzenen Butter bepinseln. Wenn sie heiß ist, etwa zwei Esslöffel Teig hineingeben. Die Pfanne in alle Richtungen schwenken, damit sich der Teig gleichmäßig verteilt. Den Pfannkuchen 1 Minute backen, wenden und die zweite Seite backen, bis sie goldgelb ist. Auf diese Weise verfahren, bis der ganze Teig aufgebraucht ist, nach Bedarf zwischendurch die Pfanne mit Butter bestreichen.

Sommerliches Obstmüsli

Lassen Sie die Haferflocken über Nacht quellen und geben Sie am Morgen einfach frisches Obst wie Pfirsiche oder Erdbeeren dazu – fertig ist ein schmackhaftes und nahrhaftes Müsli. Kann Ihr Baby noch keine größeren Stücke kauen, pürieren Sie einfach alles fein.

ERGIBT 4 ERWACHSENENPORTIONEN
100 g Haferflocken
2 EL Sultaninen oder Rosinen
300 ml Apfel-Mango-Saft
2 Äpfel, geschält, ohne Kerngehäuse, geraspelt
4–6 EL Milch
etwas Ahornsirup oder Honig (für Kinder ab einem Jahr)

Haferflocken, Sultaninen und Apfel-Mango-Saft in einer Schüssel vermischen und zugedeckt über Nacht im Kühlschrank quellen lassen. Morgens die restlichen Zutaten und eventuell weiteres Obst dazugeben und nach Belieben etwas Ahornsirup oder Honig darüberträufeln.

Bananen-Pflaumen-Speise

Diese Süßspeise ist in wenigen Minuten zubereitet und schmeckt wirklich gut. Sie eignet sich hervorragend, wenn Ihr Baby etwas unter Verstopfung leidet.

ERGIBT 1 PORTION
5 Pflaumen aus der Dose, im eigenen Saft, entsteint
1 kleine reife Banane, geschält
1 EL Naturjoghurt
1 EL Frischkäse

Pflaumen, Banane, Joghurt und Frischkäse mit 1–2 EL des Saftes aus der Dose im Mixer pürieren.

Apfel-Birnen-Haferbrei

Babys brauchen keine speziellen Frühstücksflocken, eine Schale ganz normaler warmer Haferflockenbrei ist ein super Start in den Tag. Frisches Obst sorgt für die richtige Süße.

ERGIBT 5 PORTIONEN
2 Äpfel, geschält, ohne Kerngehäuse, gewürfelt
1 reife Birne, geschält, ohne Kerngehäuse, gewürfelt
100 ml Wasser
25 g Haferflocken
150 ml Vollmilch (3,5 %)

Apfel- und Birnenwürfel mit dem Wasser in einem kleinen Topf zum Kochen bringen, dann die Hitze reduzieren, Deckel auflegen und 10 Minuten sanft köcheln lassen, bis das Obst weich ist. Pürieren.

    Haferflocken und Milch in einem kleinen Topf 3–5 Minuten bei mittlerer Hitze zu einem dicken Brei kochen. Die Haferflocken sollten weich sein. Vom Herd nehmen und mit dem Obstmus vermischen.

Bäriges Frühstück

Dieses Frühstück spendet Bärenenergie für den ganzen Tag.

ERGIBT 2 ERWACHSENENPORTIONEN
300 ml Milch
40 g Haferflocken
25 g essfertige getrocknete Pfirsiche oder Aprikosen, klein geschnitten
1 TL klein geschnittene Rosinen

Die Milch in einem kleinen Topf zum Kochen bringen, die Haferflocken unterrühren und aufkochen lassen, dabei ständig rühren. Die klein geschnittenen Trockenfrüchte dazugeben, die Hitze reduzieren und alles zusammen etwa 4 Minuten zu einem dicken Brei einkochen.

Arme Ritter einmal anders

Zur Abwechslung kann man das Brot auch einmal mit Tierförmchen ausstechen. Reichen Sie dazu Ahornsirup oder Marmelade.

ERGIBT 2 PORTIONEN
1 Ei
2 EL Milch
1 Prise Zimt (nach Belieben)
2 Scheiben Weißbrot oder Rosinenbrot
25 g Butter

Das Ei leicht mit der Milch und dem Zimt verschlagen und in ein flaches Gefäß gießen. Das Brot von beiden Seiten darin wenden. Die Butter schmelzen lassen und die Brotscheiben oder die ausgestochenen Tiere auf beiden Seiten goldgelb backen.

Mein Lieblings-Rührei

Das ist mein Favorit unter allen Frühstücksrezepten und schmeckt der ganzen Familie.

ERGIBT 1–2 PORTIONEN

15 g Butter
1 kleine Zwiebel, fein gehackt
1 kleine Knoblauchzehe, fein gehackt
1 mittelgroße Tomate, gehäutet, entkernt und fein gehackt
2 Eier, leicht verquirlt
1 Prise gekörnte Hühnerbrühe (mit wenig Salz)
1 TL Sojasauce
etwas Salz und frisch gemahlener Pfeffer (für Babys ab einem Jahr)

Die Butter in einer Pfanne zerlaufen lassen, Zwiebel und Knoblauch unter gelegentlichem Rühren 3 Minuten anschwitzen. Die Tomatenstücke dazugeben und dünsten, bis sie gerade weich sind.

Die Eier in einer Schüssel mit der Hühnerbrühe, der Sojasauce und etwas Salz und Pfeffer (für Babys über einem Jahr) verquirlen. Die Mischung zu den Tomaten und Zwiebeln in die Pfanne geben und unter Rühren etwa 2 Minuten garen, bis das Ei ganz durch ist.

Käserührei

Für Kinder unter einem Jahr sollte Rührei gebraten werden, bis es ganz fest ist. Anstatt Käse können Sie auch Hüttenkäse verwenden.

ERGIBT 1 PORTION

1 Ei
1 EL Milch
15 g Butter
1 EL milder Käse, fein gerieben
1 Tomate, gehäutet und entkernt

Das Ei mit der Milch verquirlen. Die Butter bei schwacher Hitze schmelzen lassen, dann die Eimischung hinzugeben. Bei milder Hitze braten, dabei ständig rühren. Wenn die Mischung dick geworden ist, aber immer noch weich und cremig aussieht, den Käse und die klein geschnittene Tomate hinzufügen. Sofort servieren.

OBST

Mini-Obstsalat

Köstliche Obstwürfel laden das Immunsystem mit Antioxidantien auf. Hier kommen noch pürierte Mango und frischer Orangensaft dazu.

ERGIBT 3–4 PORTIONEN

- 1 große, reife Mango, Kern entfernt, gewürfelt
- 1 Orange
- 1 reife Birne, geschält, ohne Kerngehäuse, gewürfelt
- 6 Erdbeeren, Strunk entfernt, klein geschnitten

Die Hälfte der Mango pürieren. Die Orange schälen, in Spalten teilen, dabei austretenden Saft in einer Schüssel auffangen. Die Spalten halbieren. Die Orangenstücke und den Saft in eine Schüssel geben, die Birnen-, Mango- und Erdbeerstücke dazugeben. Das Mangopüree untermischen.

Milchreis mit Apfel und Sultaninen

Milchreis hat eine angenehm weiche Konsistenz – und eignet sich gut, um zu fester Nahrung überzugehen. Er schmeckt köstlich mit gekochtem Fruchtbrei etwa aus Äpfeln und Birnen. Sie können auch klein geschnittene Trockenfrüchte wie Aprikosen beim Kochen des Reises dazugeben.

ERGIBT 2 PORTIONEN

- 30 g Rundkornreis, 300 ml Vollmilch
- ½ Apfel, geschält und gerieben
- 1 EL Sultaninen, klein geschnitten
- 1–2 TL Ahornsirup

Den Reis mit der Milch in einen kleinen Topf geben, zum Kochen bringen, einen Deckel auflegen und bei geringer Hitze etwa 30 Minuten köcheln lassen, dabei von Zeit zu Zeit umrühren, bis der Reis weich ist und ein cremiger Brei entstanden ist. Apfel und Sultaninen mit 3 EL Wasser in einen kleinen Topf geben, einige Minuten kochen, bis der Apfel weich ist. Reis und Ahornsirup untermischen.

Bratäpfel mit Rosinen

Kochäpfel haben ein besseres Aroma, während Tafeläpfel süßer sind. Für dieses Rezept können Sie beide Sorten verwenden. Besonders köstlich schmecken die Äpfel mit Eiscreme oder Vanillesauce.

ERGIBT 6 BABY- ODER 2 ERWACHSENENPORTIONEN

2 Äpfel
120 ml Apfelsaft oder Wasser
2 EL Rosinen
etwas gemahlener Zimt
1 EL Honig oder Ahornsirup (wenn Sie Kochäpfel verwenden)
 etwas Butter oder Margarine

Das Kerngehäuse aus den Äpfeln schneiden und die Schale mit einer Gabel einstechen, damit sie nicht platzt. Die Äpfel in eine feuerfeste Form legen und den Apfelsaft oder das Wasser auf den Boden der Form gießen. In jeden Apfel einen Esslöffel Rosinen füllen, mit Zimt bestreuen und Honig oder Ahornsirup darüberträufeln. Auf beide Äpfel ein paar Butterflöckchen setzen. Im vorgeheizten Backofen bei 180 Grad (Gas Stufe 4) etwa 45 Minuten backen.

Für kleine Babys mit einem Löffel das Fruchtfleisch aus der Schale heben und mit den Rosinen und etwas Saft aus der Form grob pürieren.

Fruchtige Eislollis ❄

In diesem Alter bekommt Ihr Baby Zähne. Ein wunder Kiefer kann ihm da vorübergehend die Freude am Essen nehmen. Es kann ein wenig helfen, wenn das Baby an etwas Kaltem nuckelt. Aus frischem Obst selbst gemachte Eislollis sind da eine willkommene Hilfe. Dazu verwenden Sie püriertes Obst, das Sie mit Fruchtsäften oder Joghurt mischen können. Sie können auch frisch zubereitete Obst-Smoothies oder Obstsäfte direkt in die Förmchen füllen.

HIMBEER-WASSERMELONEN-LOLLIS
ERGIBT 8 Lollis

¼ Wassermelone
60 g Himbeeren
40–50 g Puderzucker

Das Fleisch aus der Wassermelone lösen und die Kerne entfernen. Melone mit Himbeeren pürieren. Durch ein Sieb streichen und den Puderzucker untermischen, damit die Lollis schön süß schmecken. In Förmchen füllen und einfrieren.

TROPISCHE LOLLIS
ERGIBT 8 Lollis

1 große Mango ohne Schale und Kern, gewürfelt (etwa 350 g Fruchtfleisch)
180 ml Fruchtsaft »Tropenmischung«
3 EL Puderzucker
1 EL Zitronensaft

Alle Zutaten miteinander pürieren, in Lolliförmchen füllen und einfrieren.

Frisches Obst mit Joghurt-Dip

Wenn sich die Hand-Augen-Koordination entwickelt, wird Fingerfood ein wichtiger Teil des Speiseplans. Beginnen Sie mit weichen Früchten wie Bananen, Pfirsichen, Birnen oder Erdbeeren. Sie können auch Trockenfrüchte wie Aprikosen oder Äpfel probieren. Ihr Kind wird Spaß daran haben, die Obststücke in die Hand zu nehmen und sie in den Dipp zu tauchen.

ERGIBT 1 PORTION

verschiedene Obstsorten in große Stücke geschnitten (sodass Ihr Baby sie in der Hand halten kann)
3 EL griechischer Joghurt
1 TL Milch, 1 TL Puderzucker
1 TL Zitronenmus

Joghurt, Milch, Puderzucker und Zitronenmus zu einem Dip verrühren.

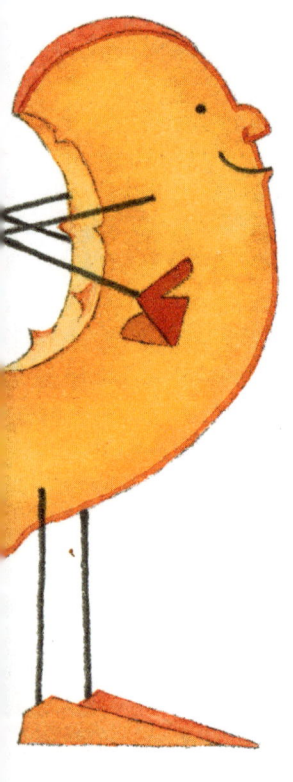

Getrocknete Aprikosen mit Papaya und Birne ❄

Getrocknete Aprikosen enthalten besonders viel Beta-Carotin und Eisen und passen gut zu vielen frischen Obstsorten. Joghurt ist eine ideale Ergänzung dazu. Meine Kinder kauten auch immer gerne auf getrockneten Apfelringen, die sie mit dem Loch in der Mitte einfach halten konnten.

ERGIBT 4 PORTIONEN

50 g essfertige getrocknete Aprikosen
½ reife Papaya, geschält, ohne Kerne und klein geschnitten
1 reife, saftige Birne, geschält, ohne Kerngehäuse und klein geschnitten

Die Aprikosen in einem kleinen Topf knapp mit Wasser bedecken. Zum Kochen bringen und weich dünsten (etwa 8 Minuten). Die Aprikosen klein schneiden und mit den Papaya- und Birnenstückchen vermischen oder für kleinere Babys pürieren.

GEMÜSE

Risotto mit Butternut-Kürbis

Reis mit Gemüse ist bestens geeignet, Babys mit festeren Konsistenzen bekannt zu machen. Butternut-Kürbis ist reich an Vitamin A. Sie können ihn auch durch Gartenkürbis ersetzen.

ERGIBT 4 PORTIONEN
50 g Zwiebel, gehackt
25 g Butter
100 g Basmatireis
450 ml kochendes Wasser
150 g Butternut-Kürbis, geschält und klein geschnitten
3 reife Tomaten (etwa 225 g), gehäutet, ohne Kerne und klein geschnitten
50 g milder Käse, gerieben

Die Zwiebel in der Hälfte der Butter weich dünsten. Den Reis einrühren, sodass sich die Butter gut mit dem Reis vermischt. Mit dem kochenden Wasser begießen und zugedeckt 8 Minuten bei starker Hitze kochen. Den Kürbis dazugeben, die Hitze reduzieren und alles zugedeckt etwa 12 Minuten weiter kochen, bis der Reis das Wasser aufgesaugt hat.

Inzwischen die restliche Butter in einem kleinen Topf zerlaufen lassen, die Tomatenstücke darin 2–3 Minuten anbraten. Den Käse einrühren und schmelzen lassen. Die Tomaten- Käse-Mischung unter den gekochten Reis mischen. Für Babys über einem Jahr nach Belieben würzen.

Bunter Eintopf ❄

Kleine Kinder lieben die bunten Farben dieser Gemüsesorten. Sie machen das Essen zum Vergnügen und außerdem zu einer guten Geschicklichkeitsübung für die Finger.

ERGIBT 4 PORTIONEN

- 1 EL Olivenöl
- 1 Schalotte, geschält und fein gehackt
- 40 g rote Paprikaschote, gewürfelt
- 100 g Tiefkühl-Erbsen
- 100 g Tiefkühl-Mais
- 120 ml Gemüsebrühe (Seite 48) oder Wasser

Das Öl in einer Pfanne erhitzen, Schalotte und Paprika hinzufügen und 3 Minuten garen. Erbsen und Maiskörner dazugeben, die Gemüsebrühe dazugießen und alles zum Kochen bringen. Zugedeckt etwa 3–4 Minuten köcheln lassen.

Gemüse in Käsesauce ❄

ERGIBT 6 PORTIONEN

- 100 g Blumenkohlröschen
- 1 Möhre, geschält und in dünne Scheiben geschnitten
- 50 g Tiefkühl-Erbsen
- 100 g Zucchini, gewaschen und in Scheiben geschnitten

KÄSESAUCE
- 25 g Margarine
- 2 EL Mehl
- 250 ml Milch
- 50 g milder Käse, gerieben

Blumenkohl und Möhre 6 Minuten dämpfen, dann Erbsen und Zucchini hinzufügen und weitere 4 Minuten garen. Für ein kleines Baby das Gemüse ganz weich kochen.

Inzwischen für die Sauce die Margarine bei schwacher Hitze in einem Topf zerlassen und das Mehl hineinrühren. Unter dem Rühren die Milch hinzufügen und weiterrühren, bis die Sauce eindickt. Den geriebenen Käse so lange unterrühren, bis er ganz geschmolzen ist. Das Gemüse mit der Sauce zerdrücken oder pürieren.

Linsen-Gemüse-Brei ❄

Linsen sind eine hervorragende und preisgünstige Eiweißquelle. Auch enthalten sie Eisen, das besonders im Alter von sechs Monaten bis zwei Jahren für die geistige Entwicklung wichtig ist.

Bei vegetarisch ernährten Babys gibt es anfangs keine Unterschiede zu anderen Babys. Baby-Reisflocken, Obst- und Gemüsebreie sind immer gleich. Wenn ab einem Alter von sieben Monaten Eiweiß eingeführt wird, sollten Sie statt Fleisch Linsen, Eier oder Milchprodukte vorsehen. Eiweiße, die nicht tierischen Ursprungs sind, kann der Körper nicht so leicht verarbeiten, daher ist es ratsam, Obstsäfte mit viel Vitamin C dazu anzubieten, da sie die Eisenverwertung unterstützt.

ERGIBT 6 PORTIONEN

- 1 TL Pflanzenöl
- 50 g Zwiebel oder Lauch, gewaschen und in Ringe geschnitten
- 100 g Möhren, geschält und klein geschnitten
- 15 g Bleichsellerie, klein geschnitten
- 50 g halbierte rote Linsen
- 250 g Süßkartoffel, geschält und klein geschnitten
- 200 ml Dosentomaten
- 50 g geriebener mittelalter Gouda

Das Öl in einem Topf erhitzen und Zwiebel, Möhren und Sellerie 5 Minuten darin andünsten. Die Linsen waschen und hinzugeben, ebenso die Süßkartoffel und 1 Minute mitdünsten. Die Dosentomaten mit 1 EL Wasser in den Topf geben, alles zum Kochen bringen und zugedeckt etwa 30 Minuten köcheln. Vom Herd nehmen und den Käse unterrühren, bis er schmilzt. Zur gewünschten Konsistenz pürieren.

Kräftiger Vollkornreis mit Gemüse ❄

Vollkornreis ist viel nährstoffreicher als weißer Reis und daher für Babys sehr empfehlenswert. Zu dem Gericht passen auch gut Hähnchenfleischwürfel.

ERGIBT 4 PORTIONEN

100 g Vollkornreis
1 EL Olivenöl
½ Zwiebel, fein gehackt
2 Möhren, geschält und klein gewürfelt
1 große Zucchini, gewürfelt
1 große Tomate, gehäutet, entkernt und klein geschnitten
50 ml ungesalzene Gemüsebrühe
30 g geriebener Parmesan
etwas Zitronensaft

Den Vollkornreis nach Anleitung auf der Packung kochen und abgießen. Das Olivenöl in einer kleinen Pfanne erhitzen, die Zwiebel darin 2–3 Minuten anbraten. Möhren und Zucchini zugeben und weitere 3 Minuten braten, dann die Tomaten 2–3 Minuten mit anbraten, bis das Gemüse weich ist, aber noch Biss hat. Die Brühe dazugießen, Reis und Käse einrühren und noch 1 Minute auf dem Herd lassen. Zuletzt den Zitronensaft unterrühren.

Süßkartoffel-Spinat-Stampf ❇

ERGIBT 3–4 PORTIONEN

1 große Süßkartoffel (etwa 375 g)
1 große Kartoffel (etwa 200 g)
1 mittelgroße Möhre (etwa 75 g)
60 g Spinatblätter, gewaschen

ein Stück Butter
1 EL Milch
40 g geriebener Käse

Süßkartoffel, Kartoffel und Möhre schälen und klein schneiden. Das Gemüse in einen Topf geben und mit kochendem Wasser übergießen, bis es knapp bedeckt ist, in etwa 15 Minuten weich kochen. Alternativ das Gemüse weich dämpfen (etwa 15 Minuten). Danach die Flüssigkeit abgießen, den Spinat in den Topf geben und 2 Minuten kochen. Das Gemüse mit Butter, Milch und Käse zerstampfen.

FISCH

Selbst gemachte Fischstäbchen ❄

Diese Seezungenstäbchen lassen sich sehr gut mit den Fingern essen. Man kann sie pur oder mit einer selbst gemachten Tomatensauce reichen. Dafür einfach drei abgezogene und entkernte Tomaten mit einer gedünsteten Schalotte, einem Esslöffel Tomatenmark, einem Teelöffel Milch und einem Teelöffel fein gehacktem Basilikum pürieren.

Diese Fischstäbchen sind für Ihr Kind weitaus besser als die fertig angebotenen, die künstlichen Farbstoff und andere Zusätze enthalten. Wenn sie nicht alle auf einmal brauchen, frieren Sie sie am besten vor dem Braten ein. Sie können dann ganz einfach die benötigte Menge entnehmen und frisch braten. Zerbröselte Cornflakes sind auch eine köstliche Panade für andere Fischarten wie Schellfisch oder Kabeljau.

ERGIBT 8 PORTIONEN
1 Seezunge, gehäutet und filetiert
1 Ei
1 TL Milch
Mehl
zerdrückte Cornflakes
etwas Butter oder Margarine zum Braten

Das Fischfilet je nach Größe diagonal in 2–3 Streifen schneiden. Das Ei mit der Milch verschlagen. Die Fischstreifen erst im Mehl, dann in dem Ei mit Milch und schließlich in den zerdrückten Cornflakes wenden. Auf beiden Seiten goldbraun braten. Sie brauchen nur wenige Minuten.

Lachspäckchen mit cremigen Muschelnudeln

Wenn man Fisch in einem Päckchen im Backofen gart, bleibt er schön saftig. Servieren Sie den gebackenen Fisch mit einer einfachen Nudelsauce und passend zum Thema mit kleinen Muschelnudeln.

ERGIBT 2 PORTIONEN

2 x 100 g Lachsfilet, gehäutet
2 Scheiben Zitrone
50 g kleine Muschelnudeln
20 g Tiefkühl-Erbsen
etwas Butter
2 Frühlingszwiebeln, in dünne Ringe geschnitten
3 EL Crème fraîche
2 TL frischer, klein geschnittener Schnittlauch
1 EL geriebener Parmesan
Salz und frisch gemahlener Pfeffer (für Kinder ab einem Jahr)

Den Backofen auf 180 Grad vorheizen. Die Lachsfilets auf ein großes Stück Backpapier legen, dieses auf ein ebenso großes Stück Alufolie legen. Den Fisch mit Salz und Pfeffer (falls verwendet) würzen und auf das Filetstück eine Zitronenscheibe legen. Die Folie und das Papier zu einem Päckchen falten und dieses auf ein Backblech legen. Im Ofen 15–18 Minuten backen, bis der Fisch fast gar ist. Aus dem Ofen nehmen und kurz ruhen lassen.

Die Nudeln nach Anweisung auf der Packung kochen. 3 Minuten vor dem Ende der Kochzeit die Erbsen mit ins Wasser geben, fertig garen und abgießen.

Die Butter in einem kleinen Topf schmelzen. Frühlingszwiebeln darin 2 Minuten anbraten, die gekochten Nudeln, Erbsen, Crème fraîche, Schnittlauch und Parmesan hinzufügen. Mit Salz und Pfeffer (falls verwendet) würzen und vorsichtig durchmischen. Die Nudeln mit den Lachsfilets servieren.

Neun bis zwölf Monate

Lachs mit Brokkoli-Nudeln

Dieses Rezept schickte mir Kate Hanke aus Oxford. Sie war die Siegerin eines Wettbewerbs, den ich mit organisierte. Gesucht waren Rezepte für heikle Esser. Kates Tipp: Bleiben Sie entspannt, lassen Sie Ihr Kind nicht spüren, dass Sie sich wegen seines Essverhaltens Sorgen machen, und bezeichnen Sie es nicht als heiklen Esser, wenn es mithören kann. Setzen Sie lieber auf Motivation, wenn das Kind davon überzeugt ist, viele gesunde Sachen zu essen, wird es das früher oder später tatsächlich auch tun. Ich finde dieses Rezept einfach, schnell zuzubereiten und sehr schmackhaft. Übrigens enthält Lachs aus der Dose, anders als Dosen-Thunfisch, ungesättigte Fettsäuren.

ERGIBT 5 PORTIONEN

250 g Nudeln in Tierform oder ähnliche
50 g Zwiebel, fein gehackt
1 Knoblauchzehe, durchgepresst
etwas Butter oder Öl
225 g Brokkoli, in kleine Röschen zerteilt
100 g roter Wildlachs aus der Dose, abgetropft und zerteilt
140 ml Sahne
50 g fein geriebener Parmesan
etwas frisch gemahlener schwarzer Pfeffer

Die Nudeln nach Anweisung auf der Packung kochen. In einer großen Pfanne Zwiebel und Knoblauch in Butter oder Öl weich dünsten (etwa 3–4 Minuten). Den Brokkoli weich dämpfen (etwa 6 Minuten). Die gekochten Nudeln in die Pfanne mit der Zwiebel geben. Lachs, Sahne und Brokkoli ebenfalls hinzugeben und mit etwas schwarzem Pfeffer würzen. Den Parmesan gut untermischen, sodass er mit der Sahne verschmilzt. Sofort servieren.

Seezungenstreifen mit Weintrauben ❄

Das ist eines meiner persönlichen Lieblingsgerichte mit Fisch. Als Teenager lebte ich eine Weile in den Niederlanden, ich studierte klassische Musik und hatte Unterricht in Harfe und Gesang. Zu meinen Erinnerungen an diese Zeit gehört ein Gericht, das es in einem der Lokale dort gab. Es hieß »Seezunge Picasso«, weil Weintrauben dazugehörten. Es schmeckte köstlich. Hier ist meine Version, an der die ganze Familie Gefallen finden wird. Sollte etwas übrig bleiben, können Sie kleine Einzelportionen für Ihr Kleinkind einfrieren.

ERGIBT 4–6 PORTIONEN

- 75 g Basmatireis
- 300 g Seezungenfilet, gehäutet
- 2 EL Mehl
- 25 g Butter
- 1 TL Olivenöl
- 2 Frühlingszwiebeln, in Ringe geschnitten
- 1 TL Weißweinessig
- 150 ml ungesalzene Fischbrühe
- 100 ml Sahne
- 1 EL frische Schnittlauchröllchen
- 100 g weiße Trauben, klein geschnitten
- 1 TL Zitronensaft
- Salz und frisch gemahlener Pfeffer (für Kinder ab einem Jahr)

Den Reis nach Anweisung auf der Packung kochen und abgießen.

Die Seezunge in 6 Streifen teilen, mit etwas Salz und Pfeffer (falls verwendet) würzen, dann in Mehl wenden. Die Butter in einer kleinen Pfanne bei starker Hitze zerlaufen lassen, die Fischfilets von beiden Seiten 1½ Minuten kross braten, bis sie gut durch sind. Dann vom Herd nehmen und warmstellen. Wenn Sie sie auf zweimal braten, jeweils die Hälfte der Butter verwenden.

Die Pfanne bei niedriger Hitze wieder auf den Herd stellen und das Öl hineingeben. Die Frühlingszwiebeln darin 2 Minuten anschwitzen und mit dem Essig aufgießen. Wenn dieser verdampft ist, die Brühe dazugießen und auf die Hälfte einkochen lassen. Die Sahne unterrühren, einmal aufkochen, dann vom Herd nehmen und Schnittlauch, Weintrauben und Zitronensaft untermischen.

Die Fischstreifen und den Reis auf dem Teller anrichten und die Traubensauce darüber verteilen.

Lachsbällchen ❄

Fischstäbchen gehören in vielen Familien zu den Favoriten auf dem Speisezettel. Wichtig ist aber auch, dass die kleinen Familienmitglieder genügend Omega-3-Fettsäuren bekommen, wie sie in öligem Fisch wie Lachs enthalten sind. Probieren Sie deshalb einmal diese köstlichen Lachsbällchen, die auch noch perfektes Fingerfood sind. Und Sie schmecken auch den Großen. Frischer Dill sorgt für eine besondere Note. Lassen Sie für Kinder unter einem Jahr Salz und Pfeffer weg.

ERGIBT 10 KLEINE BÄLLCHEN

- 1 mittelgroße Kartoffel mit Schale (etwa 150 g)
- 70 g Lachsfilet
- ein Spritzer Zitronensaft
- etwas Butter
- 2 Frühlingszwiebeln, klein geschnitten
- 1 EL frischer Dill, gehackt
- 1 TL süße Chilisauce (nach Belieben)
- 2 EL Tomatenketchup
- ½ TL Mayonnaise
- 1 EL Mehl, gewürzt
- 1 Ei, leicht verquirlt
- 50 g Paniermehl
- Sonnenblumenöl zum Frittieren
- Salz und frisch gemahlener Pfeffer (für Kinder ab einem Jahr)

Die Kartoffel mit einem Küchenmesser mehrmals einstechen und in Salzwasser 25–30 Minuten weich garen. Das Wasser abgießen, die abgekühlte Kartoffel schälen und zerdrücken.

Den Lachs mit einem Spritzer Zitronensaft und etwas Butter in der Mikrowelle bei 600 Watt 2–3 Minuten garen. Dann den Fisch auf einem Teller mit der Gabel in einzelne Stücke zerteilen und etwas abkühlen lassen. Die Kartoffel mit Frühlingszwiebeln, Dill, Chilisauce (nach Belieben), Tomatenketchup, Mayonnaise und Salz und Pfeffer würzen.

Nehmen Sie etwa 1½ EL der Masse und formen Sie sie zu einem Bällchen. Diese in dem Mehl wenden, in das Ei tauchen und im Paniermehl wenden.

In einer beschichteten Pfanne das Sonnenblumenöl erhitzen und die Bällchen 2–3 Minuten frittieren. Sie können die Bällchen auch in wenig Öl braten, dann werden sie allerdings nicht so schön rund bleiben.

HÄHNCHEN

Hähnchen mit Wintergemüse ❄

Ein wärmendes Gericht für den Winter mit Möhren, Lauch, Zwiebel und Knoblauch. Es lässt sich schnell und leicht zubereiten und schmeckt herzhaft nach Huhn.

ERGIBT 5 PORTIONEN

2 EL Sonnenblumenöl
180 g Möhren, geschält und in Scheiben geschnitten
1 kleine Stange Lauch, gesäubert und in Ringe geschnitten
1 kleine Zwiebel, gehackt
1 Knoblauchzehe, durchgepresst
1 EL Mehl
400 ml ungesalzene Hühnerbrühe
1 Lorbeerblatt
½ TL frische Thymianblättchen (nach Belieben)
175 g Hähnchenbrust oder Hähnchenschenkel (vom Knochen gelöst), in Streifen geschnitten

Die Hälfte des Öls in einer Pfanne erhitzen. Möhren, Lauch und Zwiebel darin 5 Minuten dünsten, den Knoblauch hinzufügen und weitere 30 Sekunden dünsten. Das Mehl darüberstäuben, die Hühnerbrühe unterrühren und das Lorbeerblatt dazugeben. Alles zum Kochen bringen, den Thymian (falls verwendet) untermischen, die Hitze reduzieren, einen Deckel auflegen und 15 Minuten leise köcheln lassen, bis das Gemüse weich ist.

In der Zwischenzeit das restliche Öl in einer Pfanne erhitzen und das Hähnchenfleisch von allen Seiten in wenigen Minuten goldbraun braten. Das Fleisch zum Gemüse geben und 3–5 Minuten mitköcheln lassen, bis alles gut durch ist. Das Lorbeerblatt herausnehmen und alles klein schneiden oder pürieren.

Hähnchen mit Sommergemüse ❄

Süßkartoffel, Apfelsaft und Erbsen machen dieses Gericht... natürlich süß! Knoblauch und Basilikum sorgen für die pikante Note, was besonders wichtig ist, wenn Ihr Kind noch kein Jahr alt ist, denn dann sollten Sie noch auf Salz und Pfeffer verzichten.

ERGIBT 5 PORTIONEN

- 1 kleine Zwiebel, gehackt
- ½ rote Paprikaschote, entkernt und klein geschnitten
- 1½ EL Olivenöl
- 1 Knoblauchzehe, zerdrückt
- 1 Hähnchenbrust, in Stücke geschnitten oder zwei Hähnchenschenkel (etwa 125 g), in Stücke geschnitten,
- 2 EL Apfelsaft
- 175 ml Hühnerbrühe
- 1 mittelgroße Zucchini, gehackt
- 200 g Süßkartoffeln, geschält und gehackt
- 50 g Tiefkühl-Erbsen
- 1 EL frisches Basilikum, zerpflückt

Zwiebel und Paprikaschote im Olivenöl weich dünsten. Den Knoblauch zugeben und 1 Minute mitdünsten. Die Hähnchenstücke dazugeben und weitere 3–4 Minuten dünsten. Den Apfelsaft und die Hühnerbrühe darübergießen und Zucchini und Süßkartoffel in den Topf geben. Alles zum Kochen bringen, dann etwa 8 Minuten köcheln lassen. Die Erbsen hinzufügen und weitere 3 Minuten kochen. Das Basilikum einstreuen und alles klein schneiden oder zur gewünschten Konsistenz pürieren.

Neun bis zwölf Monate

Huhn-Apfel-Bällchen ❄

Meine Familie liebt dieses Gericht. Durch die Süße des geraspelten Apfels mögen auch kleine Kinder die Bällchen. Sie schmecken warm oder kalt und sind hervorragend mit der Hand zu essen.

ERGIBT 20 BÄLLCHEN

250 g Hähnchenbrustfilet, in Stücke geschnitten
250 g Hähnchenschenkel, ausgelöst und in Stücke geschnitten
1 großer Granny Smith-Apfel, geschält und geraspelt
1 Zwiebel, fein gehackt
1 EL frische Petersilie, gehackt
1 EL frischer Thymian oder Salbei, gehackt oder etwas Trockenkräutermischung
1 Eigelb
1 Würfel Hühnerbrühe (ab einem Jahr)
50 g frische Weißbrotbrösel
Salz und frisch gemahlener Pfeffer (ab einem Jahr)
Mehl zum Wenden
Pflanzenöl zum Braten

Das Hähnchenfleisch in der Küchenmaschine ein paar Sekunden zerkleinern. Den geraspelten Apfel mit der Hand ausdrücken, um überschüssige Flüssigkeit zu entfernen. Den Apfel mit dem Hähnchenfleisch, der Zwiebel, den Kräutern, dem Eigelb, der Hühnerbrühe (ab einem Jahr) und den Bröseln vermischen und im Mixer einige Sekunden grob zerkleinern. Mit Salz und Pfeffer würzen (ab einem Jahr). Etwa 20 kleine Bällchen formen, diese in Mehl wenden und in wenig Öl etwa 5 Minuten braten, bis sie außen goldgelb und innen gut durch sind.

Bumm-Bumm-Hähnchen ❄

So getauft, weil mein Sohn mir früher gerne geholfen hat, das Huhn mit dem Fleischklopfer flach zu klopfen! Sie können diese Hähnchen-Stäbchen auf Vorrat zubereiten: Das Hähnchenfleisch vor dem Braten in Streifen schneiden, diese einzeln einwickeln, einfrieren und nach Bedarf auftauen und braten.

ERGIBT 8 PORTIONEN

2 Hähnchenbrustfilets oder 4 Hähnchenschenkel, ausgelöst
3 Scheiben Brot
1 ½ EL geriebener Parmesan (nach Belieben)
1 EL frische Petersilie, gehackt
1 EL frischer Thymian
Mehl zum Wenden
1 Ei, verschlagen
Pflanzenöl

Die Hähnchenbrüste mit Klarsichtfolie bedecken und mit einem Fleischklopfer oder einem Nudelholz flach klopfen. Dann jedes Brustfilet der Länge nach in jeweils vier Streifen schneiden. Das Brot in der Küchenmaschine zu Bröseln verarbeiten. Diese in einer Schüssel mit Parmesan, Petersilie und Thymian vermischen.

Die Hähnchenstreifen erst im Mehl, dann im Ei und schließlich in den Bröseln wälzen. In Öl auf jeder Seite 3–4 Minuten braten, bis es innen gar und außen goldbraun ist. Auf einem Küchentuch gut abtropfen lassen und servieren.

Hähnchen mit Cornflakes ❄

Cornflakes sind sehr vielseitig, und ich verwende sie oft anstelle von Semmelbröseln als Panade für Huhn oder Fisch. Diese Stäbchen kann man gut in der Hand halten. Vor dem Backen kann man sie einzeln in Folie wickeln und dann einfrieren.

ERGIBT 3–4 PORTIONEN

- 1 Ei, verquirlt
- 1 EL Milch
- 25 g Cornflakes, zerkrümelt
- 1 großes Hähnchenbrustfilet oder 2–3 Hähnchenschenkel, gehäutet, Knochen ausgelöst, in etwa 8 Streifen geschnitten
- 15 g Butter, zerlassen

Ei und Milch in einer flachen Schale verschlagen. In einer anderen Schale die zerdrückten Cornflakes bereitstellen. Die Fleischstreifen erst in das Ei tauchen und dann in den Cornflakes wälzen. In eine eingefettete, feuerfeste Form legen und die geschmolzene Butter darübergießen. Im vorgeheizten Backofen bei 180 Grad (Gas Stufe 4) etwa 10 Minuten auf jeder Seite backen, bis sie gar sind. Alternativ können die Hähnchenstreifen auch in Pflanzenöl gebraten werden, bis sie außen goldgelb und innen gut durch sind.

Hähnchen mit Couscous

ERGIBT 4 PORTIONEN

- 15 g Butter
- 25 g gehackte Zwiebel
- 25 g Tiefkühl-Erbsen (gekocht)
- 175 ml Hühnerbrühe
- 65 g Instant-Couscous
- 50 g gekochtes Hähnchenfleisch, in Würfel geschnitten

Die Butter in einem Topf zerlaufen lassen und die Zwiebel darin weich dünsten, aber nicht braun werden lassen. Die Erbsen dazugeben, die Brühe dazugießen, alles zum Kochen bringen und 3 Minuten garen. Dann den Couscous einrühren, Topf vom Herd nehmen, einen Deckel auflegen und 6 Minuten stehen lassen. Den Couscous mit einer Gabel lockern und die Hähnchenwürfel untermischen.

ROTES FLEISCH

Rindfleisch-Kroketten mit buntem Gemüse ❄

Dieses Rezept ist gut, wenn Sie Rindfleischreste zum Verarbeiten haben. Und Ihr Kind bekommt an diesem Tag mit Sicherheit genügend Gemüse, inklusive Grünkohl, der an Nährstoffen unschlagbar ist.

ERGIBT 18 KROKETTEN

- 1 EL Sonnenblumenöl und eine ausreichende Menge zum Frittieren
- 100 g Zwiebel, gehackt
- 125 g Möhren, geschält und geraspelt
- 50 g Zucchini, geraspelt
- 1 Knoblauchzehe, durchgepresst
- 170 g kalte Kartoffeln, zerdrückt
- 2 TL frische Thymianblättchen, gehackt
- 80 g gegartes Rindfleisch, gehackt
- 1½ TL Sojasauce
- einige Tropfen Worcestersauce
- 30 g geriebener Parmesan
- 50 g Grünkohlblätter ohne Strunk
- 15 g Semmelbrösel und eine ausreichende Menge zum Panieren

Das Öl in einer Bratpfanne erhitzen und Zwiebeln darin weich dünsten. Die geraspelten Möhren und Zucchini in die Pfanne geben und alles zusammen weitere 5 Minuten dünsten. Den Knoblauch hinzufügen und 30 Sekunden mitdünsten. Die Pfanne vom Herd nehmen und alles abkühlen lassen. Dann die zerdrückten Kartoffeln, den Thymian, das Rindfleisch, die Sojasauce, die Worcestersauce, den Parmesan und die Semmelbrösel untermischen.

Den Grünkohl in kochendem Wasser 4–5 Minuten garen, abtropfen lassen, klein schneiden und zur Kroketten-Mischung geben. Daraus 18 Kroketten formen, diese in Semmelbröseln wenden, auf ein Tablett legen und 30 Minuten in den Kühlschrank stellen.

In wenig Öl goldbraun und knusprig braten.

Pikanter Reis mit Fleisch und Gemüse ❄

Reis ist für Babys leicht zu kauen. Weil er auch noch sehr nahrhaft ist, eignet er sich wunderbar als erste feste Kost.

ERGIBT 4–6 PORTIONEN

- 1 EL Olivenöl
- 1 Zwiebel, fein gehackt
- ½ rote Paprikaschote, entkernt und klein gewürfelt
- 100 g Möhre, geschält und geraspelt
- 1 Knoblauchzehe, durchgepresst
- 250 g mageres Rinderhackfleisch
- 2 TL Tomatenmark
- 400 g Tomatenstücke aus der Dose, klein geschnitten
- einige Tropfen Worcestersauce
- 25 g geriebener Parmesan
- 1 EL frische Basilikumblättchen, gehackt
- 50 g Tiefkühl-Erbsen
- 100 g Vollkornreis
- Salz und frisch gemahlener schwarzer Pfeffer

Zwiebel, Paprikaschote, Möhren und Knoblauch im heißen Öl 5 Minuten dünsten. Das Rinderhack mit in die Pfanne geben und unter Rühren braten, bis es gut gebräunt ist. Das Tomatenmark hinzufügen und 30 Sekunden unterrühren, dann die Tomaten und die Worcestersauce dazugeben. Alles zum Kochen bringen, die Hitze reduzieren, einen Deckel auflegen und 30 Minuten leise köcheln lassen, bis alles weich ist. Mit Salz und Pfeffer (ab einem Jahr) würzen, den Parmesan, die Basilikumblättchen und die Erbsen 2 Minuten mitdünsten.

In der Zwischenzeit den Reis nach Anleitung auf der Packung kochen, abgießen und noch einige Minuten nachziehen lassen, dann mit der Sauce vermischen.

Mini-Fleischbällchen mit Apfel ❄

Meine Mini-Fleischbällchen sind ganz leicht mit der Hand zu essen, das Geheimnis ist der Apfel, der sie fruchtig und weich macht und einen Geschmack ergibt, der bei Babys ankommt. Und sie sind auch noch leicht zuzubereiten – einfach alle Zutaten zusammen in der Küchenmaschine verarbeiten. Friert man übrige, schon gegarte Bällchen zuerst einzeln auf einem mit Backpapier ausgelegten Blech ein und füllt sie dann in Tiefkühlbeutel oder eine Tiefkühldose, hat man schnell eine gute Mahlzeit parat.

ERGIBT 30 MINI-FLEISCHBÄLLCHEN

75 g Weißbrot
1 Zwiebel, in Stücke geschnitten
½ Apfel, geschält und geraspelt
1 EL Thymian, gehackt
2 EL Milch
25 g geriebener Parmesan
225 mageres Rinderhackfleisch
einige Tropfen Worcestersauce
Sonnenblumenöl zum Braten

Das Brot in der Küchenmaschine zu feinen Bröseln verarbeiten, die Zwiebel, die Apfelraspel, den Thymian, die Milch, den Parmesan, das Rinderhackfleisch und die Worcestersauce dazugeben und zu einer homogenen Masse verarbeiten. 30 Bällchen formen.

Etwas Öl in einer großen Pfanne erhitzen und die Bällchen darin portionsweise 4–5 Minuten auf jeder Seite goldgelb braten. Achten Sie darauf, dass sie innen gut durch sind.

Mein erstes Steak mit Kartoffelbrei und Bratensauce

Das erste »Erwachsenen-Essen«! Beim Kartoffelbrei können Sie ein Drittel der Kartoffelmenge durch Möhren ersetzen und etwas geriebenen Käse untermischen.

ERGIBT 3–4 PORTIONEN

- 2 EL Olivenöl
- 100 g Lendensteak
- 1 große Zwiebel, fein gewürfelt
- 5 Champignons, gewürfelt
- 5 Kirschtomaten, geviertelt
- ½ TL frischer Thymian, gehackt
- 1 TL Mehl
- 200 ml ungesalzene Fleischbrühe
- 225 g geschälte Kartoffeln, gewürfelt
- etwas Butter
- etwas Milch

Die Hälfte des Öls in einer Bratpfanne erhitzen, das Steak darin von jeder Seite 2½ Minuten anbraten. Aus der Pfanne nehmen und zur Seite stellen. Das restliche Öl in derselben Pfanne erhitzen, Zwiebel und Champignons hinzugeben und 5 Minuten dünsten, dann darin die Tomaten und den Thymian weitere 2 Minuten dünsten. Das Mehl darüberstäuben. Die Brühe unterrühren, bis die Sauce gebunden ist, aufkochen, die Hitze reduzieren und 2 Minuten köcheln lassen. Zu einem Brei pürieren. Das Steak in Stücke schneiden und in die Sauce geben.

Für den Kartoffelbrei die Kartoffeln in einem Topf mit Wasser 15 Minuten kochen, bis sie weich sind. Abgießen und mit Butter und Milch zu einem Brei zerstampfen.

Das Steak mit der Sauce und dem Kartoffelbrei servieren.

Schweinefleisch-Apfel-Möhren-Topf ❄

Schweinefleisch und Apfel ergänzen sich aufs Beste. Das Schöne an diesem Rezept ist, dass es so schnell geht, weil alles auf einmal in die Pfanne kommt.

ERGIBT 4 PORTIONEN

- 1 EL Olivenöl
- 200 g Schweinefleisch (Schulter oder Bug), in 1½ cm-Würfel geschnitten
- 1 Stange Lauch, gesäubert und fein gehackt
- 1 Möhre, geschält und gewürfelt
- 1 Apfel, geschält, ohne Kerngehäuse und gewürfelt
- 2 EL Mehl
- 300 ml ungesalzene Gemüsebrühe
- 2 Salbeiblätter, gehackt

Den Backofen auf 150 Grad vorheizen. Das Öl in einer Pfanne erhitzen, wenn es heiß genug ist, das Schweinefleisch von allen Seiten kräftig anbraten. Den Lauch, die Möhren und den Apfel hinzugeben und alles 3–4 Minuten braten. Das Mehl darüberstäuben und die Brühe unterrühren. Alles zum Kochen bringen, die Hitze reduzieren, einen Deckel auflegen und im Backofen 1 Stunde garen, bis das Fleisch weich ist und fast zerfällt. Den Salbei untermischen und mit Kartoffelbrei (vorhergehende Seite) servieren.

Pikanter Kalbfleischtopf ❄

Ein köstlicher Schmortopf aus Kalbfleisch, Gemüse und frischen Kräutern.

ERGIBT 3 PORTIONEN

- 1 TL Sonnenblumenöl,
- 1 große Zwiebel, geschält und fein gehackt
- 1 große Möhre, geschält und in Scheiben geschnitten
- ½ Stange Bleichsellerie, in Scheiben geschnitten
- 50 g Butternut-Kürbis
- 100 g mageres Kalbfleisch zum Schmoren, in Stücke geschnitten
- 1 Zweig frischer Rosmarin
- 1 Stängel frische Petersilie
- 200 ml Wasser oder Brühe

Zwiebel, Möhre und Sellerie im Öl 3 Minuten anbraten. Den Kürbis und das Kalbfleisch in Stücke schneiden und mit dem Gemüse weitere 4 Minuten braten. Die Kräuter und die Brühe hinzufügen. Zum Kochen bringen, zugedeckt 1 Stunde lang köcheln (zwischendurch einmal umrühren). Die Kräuter entfernen und Fleisch und Gemüse im Mixer grob zerkleinern.

Mini-Hirtenauflauf ❄

In meiner Kindheit war dieser Auflauf immer ein wohltuendes Essen an Winterabenden. Damit er auch für kleinere Kinder geeignet ist, hacke ich das Fleisch in der Küchenmaschine, dabei wird es weicher. Für Kinder ab einem Jahr können Sie mit etwas Salz und Pfeffer würzen. Verwenden Sie für die Kinderportionen kleine Auflaufförmchen. Was Sie nicht gleich brauchen, können Sie einfrieren, dann haben Sie etwas auf Vorrat, wenn Sie einmal nicht zum Kochen kommen.

ERGIBT 3 PORTIONEN

- 100 g Möhre, geschält und gehackt
- 225 g Kartoffeln, geschält und gewürfelt
- 1 EL Olivenöl
- 1 kleine Zwiebel, geschält und gehackt
- 25 g rote Paprikaschote, entkernt und gewürfelt
- 1 kleine Knoblauchzehe, geschält und zerdrückt
- 175 g mageres Kalbshackfleisch
- 1 EL gehackte Petersilie
- 2 TL Tomatenmark
- 100 ml ungesalzene Gemüsebrühe (Seite 48)
- 15 g Butter
- 1 EL Milch
- 1 Ei, verquirlt

Möhrenstücke in einen Topf geben, mit kochendem Wasser übergießen und 5 Minuten kochen. Die Kartoffeln dazugeben und zusammen weitere 15 Minuten kochen.

Inzwischen das Öl in einer Pfanne erhitzen, Zwiebel und rote Paprika 3–4 Minuten anbraten. Den Knoblauch hinzufügen und 1 Minute mit anbraten. Das Hackfleisch dazugeben und anbraten. Wenn man nun das Fleisch einige Sekunden im Mixer zerkleinert, wird es noch weicher. Danach das Fleisch wieder in die Pfanne geben, Petersilie, Tomatenmark und Gemüsebrühe hinzufügen, alles zum Kochen bringen und zugedeckt etwa 5 Minuten köcheln lassen. Wenn die Kartoffel und die Möhre weich sind, das Wasser abgießen und das Gemüse mit etwas Butter und der Milch zu einem glatten Brei zerdrücken.

Das Fleisch vermischen und in kleine Auflaufförmchen (etwa 10 cm Durchmesser) verteilen. Mit dem Kartoffel-Möhren-Brei bedecken. Dann mit dem verquirlten Ei bestreichen und im vorgeheizten Backofen bei 180 Grad (Gas Stufe 4) kurz heiß werden lassen. Zuletzt unter dem Grill goldbraun überbacken.

NUDELGERICHTE

Nudel-Konfetti

Verwenden Sie für dieses Gericht kleine Nudeln in Muschelform oder Sternchen. Dazu passen alle möglichen Gemüsesorten, eine gute Kombination sind zum Beispiel Erbsen und Brokkoli.

ERGIBT 2–3 PORTIONEN

15 g Butter
40 g Möhre, geschält und gewürfelt
40 g Zucchini, gewürfelt
1 mittelgroße Tomate, gehäutet, entkernt und gewürfelt (etwa 40 g)
60 g kleine Nudeln
3 EL Sahne
30 g geriebener Parmesan

Die Butter zerlaufen lassen und die Möhrenwürfel 3 Minuten andünsten. Die Zucchini hinzugeben und weitere 8 Minuten dünsten. Dann die Tomate mit in die Pfanne geben und nochmals 1 Minute dünsten.

Die Nudeln nach Anweisung auf der Packung kochen. Abgießen und mit dem Gemüse vermischen. Von dem Herd nehmen und anschließend die Sahne und den Parmesan unterrühren.

Nudeln mit Gemüse-Bolognese ❋

Eine köstliche Sauce auf Tomatenbasis mit fünf »versteckten« Gemüsesorten

ERGIBT 8 PORTIONEN

2 EL Olivenöl
1 kleine rote Zwiebel, fein gehackt
1 kleine Stange Lauch, fein gehackt
2 Champignons, in Scheiben geschnitten
1 Möhre, geraspelt
1 Stange Bleichsellerie, in Würfel geschnitten
1 Knoblauchzehe, durchgepresst
150 ml ungesalzene Fleisch- oder Hühnerbrühe
250 g mageres Rinderhackfleisch
2 Dosen (à 400 g) geschälte Tomaten, in Würfel geschnitten
4 EL Tomatenmark
250 g kleine Nudeln

1 EL Olivenöl erhitzen und die Zwiebel darin 3 Minuten anbraten. Den Lauch, die Pilze, die Möhre und den Sellerie dazugeben und weitere 7 Minuten andünsten. Den Knoblauch hinzufügen und 1 Minute dünsten. Die Hälfte der Brühe angießen und alles 10 Minuten köcheln lassen, dann in der Küchenmaschine auf höchster Stufe zerkleinern. Das restliche Olivenöl in einer großen Bratpfanne erhitzen und das Hackfleisch 5 Minuten kräftig anbraten. Dabei das Fleisch mit einer Gabel oder einem Kochlöffel zerteilen. Die Tomatenwürfel, das Tomatenmark und den Rest der Brühe in die Pfanne geben und 10 Minuten köcheln lassen. Das zerkleinerte Gemüse untermischen und alles zusammen weitere 2 Minuten köcheln lassen.

Inzwischen die Nudeln nach Packungsanweisung kochen, abgießen und mit der Sauce vermischen.

Neun bis zwölf Monate

Sauce Bolognese mit Aubergine ❄

ERGIBT 12 PORTIONEN SAUCE

- 1 mittelgroße Zwiebel, fein gehackt
- ¼ Knoblauchzehe, fein gehackt
- Pflanzenöl zum Braten
- 450 g mageres Hackfleisch vom Rind oder Lamm
- 2 EL Tomatenmark
- 4 Tomaten, gehäutet, entkernt und klein geschnitten
- ¼ TL gemischte getrocknete Kräuter
- 2 EL Mehl
- 450 ml Hühnerbrühe
- 1 Aubergine, geschält und in Scheiben geschnitten
- 100 g Champignons in Scheiben

Zwiebel und Knoblauch in etwas Öl anbraten, bis sie weich sind. Das Fleisch dazugeben und unter Rühren bräunen. In der Küchenmaschine zerkleinern, dann wieder in die Pfanne geben und Tomatenmark, Tomaten, Kräuter, Mehl und Brühe hinzugeben. Zum Kochen bringen und 45 Minuten kochen lassen. Die Auberginenscheiben in etwas Öl goldbraun braten. Mit Küchenpapier trocken tupfen und in der Küchenmaschine zerkleinern. Pilze anbraten und mit den Auberginen zur Sauce geben.

Nudeln mit Hähnchen und Brokkoli ❄

ERGIBT 2 PORTIONEN

- 40 g Brokkoli, in Röschen zerteilt
- 15 g Butter, 15 g Mehl, 150 ml Milch
- 30 g milder Käse, gerieben
- 3 EL geriebener Parmesan
- 3 EL Mascarpone
- 40 g Muschelnudeln
- 30 g gegart Hähnchenbrust, in Würfel geschnitten

Den Brokkoli 4–5 Minuten weich dämpfen. Die Butter erhitzen, das Mehl einrühren und 1 Minute rühren. Dann nach und nach die Milch unterrühren und bei schwacher Hitze 5 Minuten bei niedriger Temperatur sämig kochen. Vom Herd nehmen und den Käse unterrühren, bis er schmilzt. Dann die Mascarpone unterrühren.

Währenddessen die Nudeln nach Anweisung auf der Packung kochen, abgießen und mit dem Brokkoli, dem Hähnchenfleisch und der Sauce vermischen.

Nudeln mit Veggie-Sauce ❄

Die frische Tomatensauce ist wirklich lecker und dank der Zugabe von Gemüse und Käse nahrhafter als die übliche Version.

ERGIBT 2 PORTIONEN

- 1 mittelgroße Möhre, geschält und in Scheiben geschnitten
- 100 g Blumenkohlröschen
- 3 EL Sternchennudeln oder andere kleine Nudeln
- 25 g Butter
- 300 g reife Tomaten, gehäutet, entkernt und klein geschnitten
- 50 g milder Käse, gerieben

Die Möhrenscheiben auf den Boden eines Dämpfers legen. Mit kochendem Wasser begießen und bei mittlerer Hitze 10 Minuten garen. Dann die Blumenkohlröschen in den Dampfeinsatz legen, über die Karotten stellen, Deckel auflegen und 5 Minuten dämpfen, bis das Gemüse weich ist. Die Sternchennudeln nach Packungsanweisung kochen. Währenddessen die Butter zerlaufen lassen und die Tomaten darin etwa 3 Minuten dünsten. Den Käse unterrühren, bis er geschmolzen ist. Die Möhren und den Blumenkohl mit den Tomaten und dem Käse pürieren und die Sauce mit den Nudeln vermischen.

ERNÄHRUNGSPLAN (NEUN BIS ZWÖLF MONATE)

Zum Mittagessen Wasser, zu allen anderen Mahlzeiten Brust oder Flasche

	Frühstück	Zwischen-mahlzeit	Mittagessen	Zwischen-mahlzeit	Abendbrot	Schlafens-zeit
1. TAG	**Mein Lieblings-Rührei**, Obst	Milch	**Huhn-Apfel-Bällchen, Brokkoli und Möhren**	Milch	**Nudeln mit Veggie-Sauce**, Mini-Obstsalat	Milch
2. TAG	**Bircher-Müsli mit Früchten**, Joghurt	Milch	**Seezungenstreifen mit Weintrauben**, Obst	Milch	**Gemüse in Käsesauce, Fruchtige Eislollis**	Milch
3. TAG	**Bäriges Frühstück**, Obst	Milch	**Mini-Hirtenauflauf**, Obst	Milch	**Nudelkonfetti, frisches Obst mit Joghurt Dip**	Milch
4. TAG	**Apfel-Birnen-Porridge**, Joghurt	Milch	**Risotto mit Butternut-Kürbis, Mini-Obstsalat**	Milch	**Seezungenstäbchen**, gedämpftes Gemüse, Obst	Milch
5. TAG	**Käse-Tomaten-Frühlingszwiebel-Omelett**, Obst	Milch	**Bumm-Bumm-Hähnchen,** Brokkoli, Babymöhren, **Mini-Obstsalat**	Milch	**Risotto mit Butternut-Kürbis**, Obst	Milch
6. TAG	**Meine Lieblingspfannkuchen**, Obst	Milch	**Mini-Fleischbällchen mit Apfel**, Blumenkohlröschen, kleine neue Kartoffeln, Obst	Milch	**Gemüse in Käsesauce, Fruchtige Eislollis**	Milch
7. TAG	Weetabix, Obst	Milch	**Lachspäckchen mit cremigen Muschelnudeln**, Obst	Milch	**Huhn-Apfel-Bällchen, Brokkoli und Möhren**, Obst	Milch

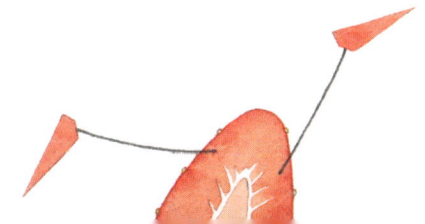

Kleinkinder

Wenn ein Baby das Kleinkindalter erreicht, wird es mit dem Essen manchmal etwas kompliziert. Liefe alles nach Plan, würde unser Kind mit Freude abwechslungsreich essen und dabei alle Nährstoffe und Vitamine zu sich nehmen, die es in dieser Phase für eine gesunde Entwicklung braucht. Nur leider wollen Babys irgendwann ihre Unabhängigkeit beweisen und nicht alles bereitwillig essen, was sie serviert bekommen. Ein Kind wächst im ersten Jahr enorm, doch mit dem Erreichen des ersten Geburtstages verlangsamt sich dieser Prozess. Dafür wird es mobiler und will nicht mehr so gerne im Hochstuhl sitzen.

Kinder, die über ein Jahr alt sind, wollen gerne selber essen, am liebsten mit den Händen. Lassen Sie es mit den Fingern und mit Löffel und Gabel experimentieren, die Übung ist wichtig. Das bedeutet aber auch, Sie dürfen nicht pingelig sein. Aber je mehr ein Kind alleine probieren darf, umso schneller klappt's mit dem Selberessen. Vielleicht findet der eine oder andere Happen sogar seinen Weg in den Mund! Praktisch ist ein Plastiklätzchen, das unten mit einer Auffangrinne ausgestattet ist, in der verkleckertes Essen landet. Praktisch ist auch eine große Matte unter dem Hochstuhl. Wenn das Kind beim Gebrauch des Löffels Schwierigkeiten hat, können Sie ihm Fischstäbchen oder rohe Gemüsestücke geben, die es mit den Fingern essen kann, und einen Dip dazu. Sie müssen aber immer noch Oliven, Nüsse, frische Litschis und Ähnliches von Ihrem Kind fernhalten. Kleine Kinder stecken gerne alles in den Mund, und sie könnten sich in null Komma nichts daran verschlucken.

Zwischenmahlzeiten

Kleine Kinder haben einen kleinen Bauch, in dem noch nicht so viel Platz hat. Deshalb können sie bei den regulären Mahlzeiten gar nicht so viel zu sich nehmen, dass ihr hoher Energiebedarf gedeckt ist. Man kann ihnen zusätzlich zu den drei Hauptmahlzeiten auch noch Zwischenmahlzeiten anbieten, vorausgesetzt dies geschieht zu festen Zeiten und nicht in zu kurzem Abstand zu einer regulären Mahlzeit. Bieten Sie nur gesunde Speisen an und lassen Sie das Kind nicht ständig essen. Hilfreich ist es, wenn Sie im Kühlschrank ein Fach für gesunde Zwischenmahlzeiten wie rohes Gemüse mit einem Dip, wie zum Beispiel Hummus, oder Käsestücke und viel frisches Obst reservieren. Aber genauso falsch wäre es, Süßigkeiten und Kuchen völlig zu verbieten. Ihr Kind bekäme dann nur Heißhunger darauf und würde sich außer Haus damit vollstopfen. Ist Ihr Kind aber nicht an regelmäßige Zwischenmahlzeiten gewöhnt, wird es nichts vermissen.

Die Auswahl der Speisen

Viele Kinder mögen ausgefallene Sachen viel mehr, als wir zunächst meinen. Meine Tochter war mit zwei Jahren zum Beispiel ganz wild auf Oliven. Gerichte aus anderen Ländern, wie Thai-Hähnchen mit Nudeln (Seite 192), kommen meist gut an. Wenn Sie kindgerechte Stäbchen besorgen, die oben miteinander verbunden sind, ist das meist ein großer Spaß. Vergessen Sie die Hähnchen-Dinos aus dem Supermarkt und kochen Sie

Gerichte wie Hähnchen-Tikka-Masala oder Satay-Huhn (Seite 197 und 194). Oder wie wäre es mit »gesundem Fast Food« wie meinem saftigen Beefburger und der Fast-Food Pizza (Seite 202 und 180). Lassen Sie Ihr Kind die Speisen von Ihrem Teller probieren – Sie werden überrascht sein, was ihm alles schmeckt. Natürlich ist das Essen von Mamas oder Papas Teller viel interessanter als das eigene, und manchmal können Sie ein Kleinkind zum Essen verleiten, indem Sie seine Portion auf Ihren eigenen Teller füllen. In dieser Phase kann das Kind fast alles essen, was die Erwachsenen essen. Ich bin der Auffassung, dass Kleinkinder so früh wie möglich »Erwachsenenkost« bekommen sollten, und fast alle folgenden Rezepte eignen sich auch für den Familientisch. Und noch eins: Essen Sie mit Ihrem Kind zusammen, anstatt ihm nur gegenüberzusitzen und ihm Löffel für Löffel in den Mund zu schieben. Es wird viel lieber mit Ihnen essen – denn wer isst schon gern allein?

Versuchen Sie, Ihre eigenen Essgewohnheiten anzugleichen, indem Sie weniger Salz und Zucker verwenden. Fragen Sie Ihr Kind, was es gerne mag, lassen Sie es beim Einkaufen und Kochen dabei sein. Das geht natürlich nicht jeden Tag, aber versuchen Sie es so oft wie möglich. So können Sie Ihr Kind leichter zu Neuem verführen.

Starten Sie gut in den Tag

Ein gehaltvolles Frühstück ist wichtig, damit wir bis zum Mittagessen mit genügend Energie versorgt sind. Vollkorngetreide wie Haferbrei oder Müsli geben den enthaltenen Zucker langsam und kontinuierlich an den Körper ab, nicht wie raffinierte Getreideprodukte, bei denen der Zuckerspiegel schnell ansteigt und schnell wieder abfällt. Leider enthalten viele Getreideflocken, die speziell für Kinder angeboten werden, über 30 Prozent Zucker. Wenn Ihr Kind zum Frühstück Obst mit viel Vitamin C bekommt, wie Orangen, Erdbeeren oder Kiwi, fördert das die Aufnahme von Eisen im Körper.

Eier in Form von Rührei oder hart gekochtem Ei sind ebenfalls wertvoll für das Frühstück. Versuchen Sie mein Rührei mit Tomaten und Käse (Seite 123) oder das Käse-Tomaten-Frühlingszwiebel-Omelett (Seite 116).

Mein Kind will nicht essen!

Wer einen heiklen Esser zu Hause hat, kann ein Lied davon singen, wie anstrengend es ist, wenn es das Gesicht verzieht, sobald es Zwiebeln im Essen sieht oder etwas Grünes in der Tomatensauce. Die beste Strategie besteht darin, sich nicht aufzuregen. Sagen Sie einfach »gut«, aber bieten Sie bis zur nächs-

ten Mahlzeit nichts anderes an. Es macht gar keinen Spaß mehr, Essen zu verweigern, wenn Sie nicht darauf eingehen, und es ist erstaunlich, wie umgänglich Ihr Kind auf einmal ist, wenn es wirklich Hunger hat.

Ich rate dazu, ablehnendes Verhalten zu ignorieren und Ihr Kind stattdessen zu loben, wenn es etwas probieren mag. Und wenn das Häppchen noch so klein ist, sparen Sie nicht mit Lob. Vielleicht hilft ein Belohnungssystem: Ihr Kind bekommt jedes Mal, wenn es etwas Neues probiert, ein Sternchen. Wenn genügend Sternchen zusammen sind, gibt es eine Belohnung.

Vielleicht beruhigt es Sie zu wissen, dass Sie nicht die einzigen Eltern mit heiklen Essern sind. Kleinkinder können auch mit erstaunlich wenig Kalorien gut gedeihen. Außerdem sind sie unberechenbar. An einem Tag schmeckt ihnen etwas, am nächsten lehnen sie es komplett ab. An einem Tag bekommen sie nicht genug, am nächsten essen sie so gut wie nichts. Wenn Sie festhalten, was Ihr Kind im Lauf einer Woche zu sich nimmt, sorgen Sie sich vermutlich nicht so sehr, wenn es an einem Tag gar nichts essen will.

Häufig liegt es am Naschen zwischendurch, wenn ein Kind bei den Mahlzeiten nicht essen will. Kaufen Sie keine Schokoladenkekse oder Schokoriegel und bieten Sie dafür lieber gesunde Alternativen wie

> Ein Geschenk macht noch mehr Freude, wenn es in einer farbenfrohen Verpackung mit einer schönen Schleife überreicht wird anstatt in einem einfachen Karton. Genauso ist es mit dem Essen, das wir unseren Kindern servieren. Ein simples Erdnussbutterbrot wird praktisch unwiderstehlich, wenn es in Herzform auf dem Teller angerichtet ist oder Sie einen Teddybären ausstechen. Obststücke sehen hübsch aus, wenn Sie auf einen Holzspieß oder Strohhalm gesteckt sind. Obstbrei wird auf einmal viel attraktiver, wenn er als Eis am Stiel aus dem Tiefkühlfach kommt.

Mini-Sandwiches, Trockenobst oder auch einmal ein Schälchen mit gesunden Getreideflocken an.

Achten Sie auch darauf, dass Ihr Kind das Richtige trinkt, denn auch das kann sich auf den Appetit auswirken. Gut sind Säfte oder Smoothies, die zu 100 Prozent aus Obst zusammengesetzt sind. Die meisten Obstsäfte enthalten weniger als 10 Prozent Früchte, dafür aber künstliche Süßungsmittel, Aromen und Farbstoffe. Manche bringen es auf sechs Teelöffel Zucker in einem Glas. Der beste Durstlöscher ist Leitungswasser, es ist unbedenklich, günstig und kalorienfrei.

Füllen Sie den Teller nie zu voll. Es ist viel

besser, wenn das Kind einen Nachschlag verlangt. Kleine Kinder lieben kleine, eigene Portionen. Backen Sie zum Beispiel Mini-Hirten-Aufläufe in kleinen Förmchen (Seite 153) anstatt einfach ein großes Stück auf den Teller zu klatschen. Die kleinen Portionen sind außerdem praktisch zum Einfrieren, dann haben Sie schnell ein Essen zur Hand, wenn Sie gerade nicht zum Kochen kommen.

Kinder dazu zu überreden, etwas Unbekanntes zu probieren, ist nicht einfach. Von meinen drei Kindern waren zwei wirklich heikle Esser, ich habe alle diese Tricks schon selbst ausprobiert. Es kann auch helfen, ein anderes Kind zum Essen einzuladen, das gut isst. Üben Sie auf keinen Fall Druck aus. Sie erreichen mehr, wenn Sie ein Spiel daraus machen. Verbinden Sie Ihrem Kind die Augen und fordern Sie es dann auf, verschiedene Speisen zu probieren, darunter bekannte und unbekannte, und lassen Sie es raten, was es da gerade isst...

Auswahl der Nahrungsmittel

Kinder unter fünf Jahren brauchen in Relation zum Körpergewicht mehr Fett als Erwachsene. Sofern Ihr Kind nicht übergewichtig ist, sollten Sie ihm also keine fettarmen Nahrungsmittel geben. Fette, wie sie im Käse oder Joghurt (3,5 %) enthalten sind, liefern viel Energie, die ein Kleinkind zum Wachsen braucht. Natürlich gibt es auch Ausnahmen, so sollte man bei einem übergewichtigen Kleinkind den Fettkonsum unbedingt reduzieren, indem man ihm möglichst wenig industriell verarbeitete und fettreiche Lebensmittel gibt und lieber zu Milchprodukten mit reduziertem Fettgehalt greift.

Größere Mengen zu ballaststoffreicher Kost sind nicht ratsam, da sie nur den Magen füllen, aber nicht die Menge an Kalorien liefern, die ein schnell wachsendes Kleinkind zu sich nehmen sollte. Eine sehr ballaststoffreiche Ernährung kann zudem die Aufnahme wichtiger Mineralstoffe wie Eisen hemmen. Ein Kind, das viel Obst und Gemüse isst, nimmt automatisch genügend Ballaststoffe zu sich.

> Eisenmangel und Blutarmut können bei Kleinkindern zu Verhaltensauffälligkeiten und Konzentrationsstörungen führen.

Ihr Kind ist jetzt zwölf Monate alt, sodass Sie von Säuglingsnahrung zu Vollmilch übergehen können. Geben Sie ihm bis zum Alter von zwei Jahren keine fettreduzierte Milch, da diese zu wenig Energie für das Wachstum liefert. Kinder ab einem Jahr brauchen 400 ml Vollmilch täglich. Bei sehr heiklen Kindern ist es vielleicht angeraten, mit einer Folgemilch weiterzumachen (die mit Eisen und Vitaminen angereichert ist), bis sie zwei Jahre alt sind.

Zwar schränken immer mehr Menschen ihren Fleischkonsum zugunsten von Fisch und Geflügel ein, aber Sie sollten bedenken, dass in rotem Fleisch mehr Eisen und Zink steckt. Probieren Sie leckere Rezepte mit magerem Hackfleisch aus – gut ist es, das Fleisch erst zu kochen und dann im Mixer zu pürieren, damit es nicht klumpig ist. Sie finden auf den folgenden Seiten leckere Rezepte für Beefburger, Fleischbällchen und Mini-Minutensteaks (Seite 202, 204 und 200), die sich hervorragend für die ganze Familie eignen. Geben Sie Ihrem Kind möglichst keine fertigen Fleisch- und Wurstwaren wie Würstchen oder Salami.

Ernähren Sie Ihr Kind vegetarisch oder mag es einfach kein Fleisch, müssen Sie dafür sorgen, dass viele nährstoffreiche Lebensmittel wie Käse und Eier auf dem Speisezettel stehen. Verzichten Sie auf zu viele sehr ballaststoffreiche Lebensmittel wie Vollkornflocken oder Hülsenfrüchte, da diese den Magen schnell füllen und Ihr Kind nicht genügend Kalorien und Eiweiß aufnimmt, um sich gut zu entwickeln. Solange Ihr Kleinkind abwechslungsreich isst, bekommt es auch bei vegetarischer Ernährung alle Nährstoffe, die es braucht. Wichtig ist, täglich pflanzliche Eisenlieferanten wie grüne Gemüsesorten, Hülsenfrüchte, angereicherte Frühstücksflocken und Trockenobst zu geben und darauf zu achten, dass es dazu Vitamin-C-haltige Säfte trinkt, da dies dem Körper hilft, Eisen pflanzlichen Ursprungs besser zu verarbeiten.

Obst und Desserts

In diesem Abschnitt finden Sie viele Rezepte für kalte und warme Desserts, die Sie für die ganze Familie zubereiten können. Frisches, reifes Obst ist jedoch immer noch am leckersten und am gesündesten, und Ihr Kind sollte jeden Tag reichlich davon bekommen. Vitamine und Nährstoffe werden nicht durch Kochen zerstört, und das Kleinkind kann Früchte wunderbar aus der Hand essen.

Obst steckt voller hochwirksamer Antioxidantien und natürlicher Verbindungen, den sogenannten sekundären Pflanzenstoffen, die das Immunsystem stärken und vor Herzerkrankungen und Krebs schützen. Die Zahl der Krebserkrankungen nimmt zu. Etwa ein Drittel davon sind ernährungsbedingt, und Forscher schätzen, dass ein Speiseplan mit viel Obst und Gemüse anstelle von fetten und industriell verarbeiteten Lebensmitteln, gepaart mit Bewegung, das Krebsrisiko um mindestens 30 Prozent vermindern kann.

Früchte in einer Schale wirken auf ein hungriges Kind nicht so anziehend, wenn Sie dagegen mehrere frische Obstsorten essfertig geschnitten in einem der unteren Fächer des Kühlschranks bereitstellen, kommt Ihr Kind gar nicht auf die Idee, Kuchen oder Schokoladenkekse zu naschen.

Trockenobst, vor allem Aprikosen, sind ausgesprochen nahrhaft, da durch den Trockenvorgang die Nährstoffe konzentriert werden. Bieten Sie aber nicht zu häufig zwischen den Mahlzeiten Trockenfrüchte an, denn sie bleiben leicht an den Zähnen kleben, und auch natürlicher Fruchtzucker schadet den Zähnen.

Kiwis, Zitrusfrüchte und Beeren enthalten besonders viel Vitamin C, das die Eisenaufnahme des Körpers unterstützt, daher sollten Sie diese Sorten regelmäßig in der Ernährung Ihres Kindes einplanen. Frisches oder getrocknetes Obst ist natürlich auch prima in Verbindung mit Frühstücksflocken. Eine gute Anschaffung ist ein Entsafter, mit dem Sie im Nu selbst frische Säfte herstellen können. Reine Obstsäfte sind gut, lassen Sie aber die Finger von Fruchtsaftgetränken, die häufig nur 10 Prozent Obstsaft enthalten. Achten Sie auf das Etikett. Säfte liefern viele Vitamine, aber Ballaststoffe nimmt Ihr Kind nur zu sich, wenn es ganze Früchte isst.

Da unterschiedliche Obstsorten auch unterschiedliche Nährstoffe enthalten, ist es ratsam, für Abwechslung zu sorgen. Nehmen Sie allmählich auch exotischere Arten in das Angebot auf. Eine einzige Kiwi enthält mehr als den täglichen Vitamin-C-Bedarf eines Erwachsenen und ist, halbiert und aus einem Eierbecher gelöffelt, ein toller Imbiss. Versuchen Sie es auch einmal mit tropischem Obstsalat aus Mango, Melonenkügelchen, Ananas und einer Sauce aus frischem Orangensaft und Passionsfrucht.

Aus püriertem frischem Obst, Joghurt, Fruchtsäften oder Saftzubereitungen können

Sie wunderbar Eis am Stiel zubereiten. Entsprechende Förmchen kann man günstig in jedem Haushaltswarenladen kaufen, und da ein leckeres Eis etwas ist, dem kaum ein Kind widerstehen kann, hat man damit eine wunderbare Anregung, mehr Vitamine zu essen.

Mengen

In diesem Kapitel sind die Portionen auf Erwachsene bezogen. Jedes Kind ist anders, und Sie müssen die jeweilige Portion dem Appetit Ihres Kindes anpassen. Vielleicht isst es ein Viertel einer Erwachsenenportion, vielleicht verschlingt es aber auch eine ganze Portion, wenn es besonders hungrig ist!

Zusatzstoffe im Essen, wie künstliche Farbstoffe, könnten bei Kindern möglicherweise Hyperaktivität auslösen und werden mit ADHS in Verbindung gebracht. Um solchen Zusätzen aus dem Weg zu gehen, bereiten Sie den Großteil des Familienessens am besten selbst zu. Vielleicht stellen Sie dabei fest, dass sich das Verhalten Ihres Kindes gravierend ändert.

Übergewichtige Kleinkinder

In Deutschland ist jedes fünfte Kind übergewichtig. Wiegt Ihr Kind zu viel, besprechen Sie am besten mit Ihrem Kinderarzt, wie Sie die Kalorienaufnahme reduzieren können. Doch anstatt die Menge des Essens zu verringern, verändern Sie besser die Zusammenstellung der Nahrung. Ein Kind sollte nie hungrig vom Tisch gehen. Verzichten Sie auf Zucker, fette und industriell verarbeitete Lebensmittel und bieten Sie mehr frisches Obst und Gemüse an. Nehmen Sie ballaststoffreiche Getreideflocken oder Kleie, ersetzen Sie Pommes frites durch Pellkartoffeln und Hähnchen-Nuggets durch gegrilltes Hähnchen und panieren Sie den Fisch nicht. Ab einem Alter von zwei Jahren kann man zu teilentrahmter Milch wechseln. Die Zahl der übergewichtigen Schulkinder liegt in Deutschland bei 20 Prozent, 7 Prozent sind fettleibig. Interessanterweise wird 90 Prozent des Junkfoods für Kinder von deren Eltern gekauft.

GEMÜSE

Backofen-Risotto

Dieses Risotto braucht weniger Zeit als die klassische Version – es gart ganz von alleine.

ERGIBT 4 KLEINE PORTIONEN

25 g Butter
1 kleine Zwiebel, fein gehackt
1 Knoblauchzehe, durchgepresst
½ EL frische Thymianblättchen
150 g Arborio-Reis
1 EL Weißweinessig

450 ml ungesalzene, heiße Hühner- oder Gemüsebrühe (Seite 48)
150 g Tiefkühl-Erbsen
45 g geriebener Parmesan
etwas Salz und frisch gemahlener Pfeffer
etwas frisch gepresster Zitronensaft (½ TL)

Den Backofen auf 200 Grad vorheizen. Die Butter im Wok oder einer großen Pfanne zerlaufen lassen und die Zwiebel 4–5 Minuten weich dünsten. Knoblauch, Thymian und Reis hinzugeben und unter Rühren 2 Minuten dünsten. Weißweinessig dazugießen und verdampfen lassen, dann die Brühe einrühren und alles in eine ofenfeste Form füllen (etwa 1,5 l Fassungsvermögen). Die Form mit Alufolie abdecken und das Risotto 20–24 Minuten backen, bis die Brühe verkocht und der Reis weich ist. Aus dem Ofen nehmen, die Erbsen und den Parmesan untermischen, wieder abdecken und 2–3 Minuten stehen lassen, bis die Erbsen gut durchgewärmt sind. (Wenn es in der Küche kalt ist, die Form wieder in den Backofen stellen.) Nach Belieben mit Salz und Pfeffer abschmecken und vor dem Servieren den Zitronensaft unterrühren.

    Das Risotto schmeckt alleine gut, ist aber auch eine schöne Beilage zu gebratenem Hähnchen. Oder mischen Sie eine der folgenden Zutaten unter:

    100 g kleine Garnelen
    gekochter oder pochierter Lachs, in Stücke zerteilt
    gekochtes Hähnchenfleisch, in Würfel geschnitten

Vegetarisches Nasi Goreng

Kleine Kinder lieben Reis. Wenn es nicht vegetarisch sein muss, können Sie 170 g gekochtes Hähnchenfleisch in Würfel schneiden und unter den Reis mischen.

ERGIBT 4–6 PORTIONEN

200 g Reis
2 EL Sonnenblumenöl
3 Eier
2 EL und 1 TL Sojasauce
2 Schalotten, in dünne Ringe geschnitten
1 große Knoblauchzehe, durchgepresst
1 EL brauner Zucker
50 g Baby-Mais, in dünne Scheiben geschnitten
¼ rote Paprika, entkernt und gewürfelt
100 g Tiefkühl-Erbsen

Den Reis nach Packungsanweisung kochen, mit kaltem Wasser abschrecken und abtropfen lassen. 1 EL Öl im Wok erhitzen. Die Eier mit 1 TL Sojasauce und 1 EL Wasser verquirlen. Im Wok daraus ein großes Omelett backen. Mit einem Löffel oder Pfannenwender zerteilen und auf einem Teller zur Seite stellen. Das restliche Öl erhitzen und die Schalotten darin unter Rühren anbraten, bis sie sich braun färben. Den Knoblauch dazugeben und 1 Minute braten, dann den Zucker hinzufügen und 1–2 Minuten braten, dabei immer rühren, bis sich der Zucker aufgelöst hat. Mais und Paprikaschote in den Wok geben und 3–4 Minuten rühren, bis der Mais allmählich weich wird, dann den Reis und die Erbsen dazugeben und wieder 3–4 Minuten braten, bis der Reis heiß ist und die Erbsen aufgetaut sind. Die Sojasauce und die Omelettstücke untermischen und nach Belieben zusätzlich mit Sojasauce würzen.

Schnelles Spinat-Pesto

Die Zubereitung ist super einfach – für Kinder ohne Pinienkerne und aus Spinat. Damit kommen Sie ganz groß raus!

ERGIBT 4 PORTIONEN

150 g vorgekochter Tiefkühl-Blattspinat
100 g frische Basilikumblättchen
125 ml Olivenöl
50 g Knoblauch, durchgepresst
1 EL frisch gepresster Zitronensaft
65 g geriebener Parmesan
225 g Nudeln

Den Spinat 5 Minuten bei mittlerer Hitze kochen, mit kaltem Wasser abschrecken und abtropfen lassen. Mit dem Knoblauch und dem Basilikum pürieren, dann die restlichen Zutaten (außer Nudeln) dazugeben. Alles glatt pürieren.

Die Nudeln nach Anweisung auf der Packung kochen, abgießen und mit dem Pesto vermischen.

Süßkartoffel-Spiralen

Die Süßkartoffel-Spiralen schmecken einfach göttlich. Beim Backen karamellisiert der natürliche Zucker und die spaghettiähnlichen Streifen werden ganz kross. Da werden Kinder ganz heiß auf Gemüse.

ERGIBT 2 PORTIONEN

2 mittelgroße Süßkartoffeln, geschält
2 EL Olivenöl
etwas Salz und frisch gemahlener schwarzer Pfeffer

Den Backofen auf 200 Grad vorheizen. Ein Backblech mit Backpapier auslegen. Die Süßkartoffeln mit dem Spiralschneider aufschneiden, die Streifen auf das Backblech legen. Das Öl darüberträufeln, salzen und pfeffern. Etwa 20–30 Minuten backen, bis sie schön goldbraun und kross sind.

Spanisches Omelett

Das Omelett schmeckt auch am nächsten Tag kalt, einfach in Stücke schneiden. Versuchen Sie es auch mit anderen Zutaten.

ERGIBT 4 ERWACHSENENPORTIONEN

3 EL Olivenöl
175 g Kartoffeln, geschält und in 1 cm große Würfel geschnitten
1 Zwiebel, geschält und fein gehackt
½ rote Paprikaschote, entkernt und klein geschnitten
50 g Tiefkühl-Erbsen
4 Eier
1 EL geriebener Parmesankäse
Salz und frisch gemahlener schwarzer Pfeffer

VARIATIONSMÖGLICHKEITEN

2 EL Gruyère anstatt des Parmesans
1 große gehackte Tomate
oder:
50 g Pilze, in Scheiben geschnitten
1 EL frische Schnittlauchröllchen
oder:
100 g gekochter Schinken oder Speck, gewürfelt
50 g Mais anstatt der Erbsen

Das Öl in einer beschichteten Pfanne mit 18 cm Durchmesser erhitzen. Kartoffeln und Zwiebel darin 5 Minuten dünsten, dann die Paprika dazugeben und weitere 5 Minuten garen. Schließlich die Erbsen hinzufügen und noch einmal 5 Minuten dünsten. Die Eier mit 1 EL Wasser und dem Parmesan verschlagen, salzen und pfeffern. Diese Mischung über das Gemüse gießen und 5 Minuten stocken lassen, bis das Omelett fast durch ist. Unter dem vorgeheizten Grill 3 Minuten goldgelb backen. (Falls notwendig, den Griff der Bratpfanne mit Alufolie umwickeln, damit er nicht schmilzt.) Das Omelett in Stücke schneiden und mit Salat servieren.

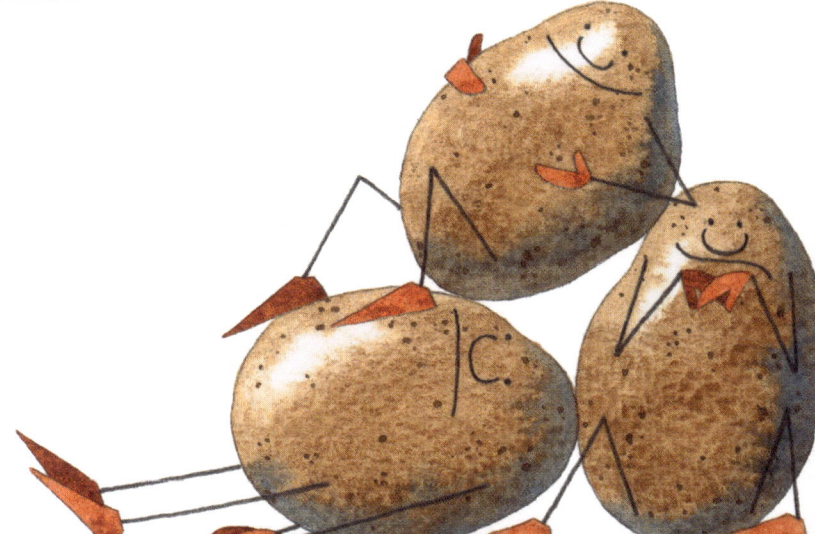

Zucchini-Spaghetti mit frischer Tomatensauce

Ein Spiralschneider ist wirklich ein Muss in der Küche: Mit einem einfachen Dreh verwandelt er Gemüsesorten wie Möhre, Zucchini, Süßkartoffel und Butternut-Kürbis in »Spaghetti«, an denen Kinder großen Spaß haben. Ich weiß gar nicht mehr, was ich ohne machen würde. Für dieses Rezept kombiniere ich Zucchini mit einer einfachen, frischen Tomatensauce.

ERGIBT 3 PORTIONEN

- 900 g reife Tomaten
- 2 EL Olivenöl und zusätzlich Öl für die Zucchini-Spaghetti
- 1 Zwiebel, fein gehackt
- 2–3 Knoblauchzehen, durchgepresst
- 1 TL Balsamico-Essig
- 1 Prise Zucker
- 2 EL Tomatenmark
- 4 große Zucchini
- Salz und frisch gemahlener Pfeffer
- 2 EL zerpflückte Basilikumblättchen zum Anrichten
- frisch geriebener Parmesan zum Anrichten

Für die Sauce die Tomaten über Kreuz einschneiden, in kochendem Wasser 1–1 ½ Minuten blanchieren, bis sich die Haut ablöst. Wasser abgießen und die Tomaten unter dem laufenden Wasserhahn abschrecken, dann die Haut abziehen, vierteln und die Kerne entfernen.

Das Öl in einer Pfanne erhitzen. Den Knoblauch und die Zwiebel 5 Minuten andünsten, die Tomaten, den Balsamico-Essig, den Zucker und das Tomatenmark dazugeben. Alles zum Kochen bringen, die Hitze reduzieren und 30–35 Minuten leise köcheln lassen, bis die Sauce schön dick eingekocht ist. Pikant abschmecken.

Mit dem Spiralschneider aus den Zucchini lange »Spaghetti« schneiden.

Etwas Öl in einer Pfanne oder im Wok erhitzen. Die Zucchini-Streifen 2–3 Minuten braten, sodass sie weich sind, aber noch etwas Biss haben. Würzen und auf einem Teller anrichten. Die Tomatensauce darübergeben und mit Basilikum und Parmesan bestreuen.

Feine Gemüsebratlinge

Die Gemüsebratlinge sind bei uns zu Hause Standard. Offenbar kommen sie auch bei Nicht-Vegetariern gut an. Zum Einfrieren legt man die fertig gegarten Bratlinge auf ein Tablett, das mit Frischhaltefolie ausgelegt ist. Sobald sie durchgefroren sind, wickelt man sie einzeln in Folie, dann kann man sie bequem einzeln entnehmen.

ERGIBT 8 BRATLINGE (4 PORTIONEN)

450 g Kartoffeln
1 EL Olivenöl
1 rote Zwiebel, fein gehackt
150 g Lauch, gesäubert und fein gehackt
150 g Möhren, geschält und geraspelt
100 g Egerlinge, grob gehackt
2 Knoblauchzehen, durchgepresst
1 TL Thymian, gehackt
1 EL Sojasauce
50 g geriebener Parmesan
50 g Panko-Mehl (japanisches Paniermehl)
1–2 TL Honig
1 Eigelb
etwas Sonnenblumenöl
etwas Mehl
Salz und frisch gemahlener schwarzer Pfeffer

Die Kartoffeln mit einer Gabel mehrmals einstechen und in der Mikrowelle bei 600 W in etwa 10 Minuten garen, bis sie weich sind. Abkühlen lassen, die Schale abziehen, in einer Schüssel mit der Gabel zerdrücken.

Das Öl in einer Pfanne erhitzen, Zwiebel, Lauch, Karotten, Pilze und Knoblauch 10 Minuten darin braten, bis das Gemüse weich und keine Flüssigkeit mehr am Pfannenboden ist. Vom Herd nehmen und abkühlen lassen. Dann das Gemüse zu den zerdrückten Kartoffeln geben. Thymian, Sojasauce, Parmesan, Paniermehl, Honig und Eigelb untermischen und alles pikant würzen. 8 Bratlinge formen, auf ein Tablett legen und 10 Minuten kühlstellen. (Sie können die Masse auch vorbereiten und später verarbeiten.)

Etwas Öl in einer Pfanne erhitzen. Die Bratlinge in Mehl wenden und von jeder Seite 2 Minuten braten, bis sie schön gebräunt sind.

Annabels Gemüse-Tomatensauce ❄

Ein perfektes Rezept für Kinder, die kein Gemüse essen, weil hier das Gemüse in der Tomatensauce versteckt wird. Die würzige Sauce eignet sich gut für Pizza und schmeckt prima zu Hühnchen und Reis.

ERGIBT 4 ERWACHSENENPORTIONEN

- 2 EL Olivenöl
- 1 Knoblauchzehe, durchgepresst
- 1 mittelgroße Zwiebel, abgezogen und fein gewürfelt
- 100 g Möhren, geschält und gerieben
- 50 g Zucchini, gerieben
- 50 g Champignons, in Scheiben geschnitten
- 1 TL Balsamico Essig
- 400 g passierte Tomaten
- 1 TL brauner Zucker
- 1 Gemüsebrühwürfel, aufgelöst in 400 ml kochendem Wasser
- 1 Handvoll frische Basilikumblätter, zerpflückt
- Salz und frisch gemahlener Pfeffer

Das Öl in einer Pfanne erhitzen, den Knoblauch hineingeben, ein paar Sekunden lang anschwitzen, dann die Zwiebel dazugeben und 2 Minuten anbraten. Möhren, Zucchini und Pilze in die Pfanne geben und unter Rühren 4 Minuten anbraten. Den Essig dazugießen und 1 Minute einkochen lassen. Die passierten Tomaten einrühren, den Zucker dazugeben und 8 Minuten köcheln lassen. Anschließend mit Gemüsebrühe auffüllen, 2 Minuten kochen lassen, währenddessen rühren. Zum Schluss das Basilikum hinzufügen und die Sauce im Mixer pürieren.

Fast-Food-Pizza selbstgemacht

Diese Pizzas kommen immer gut an. Sie können als Boden auch halbierte Baguettestücke oder kurz unter den Grill geschobenen Pitabrote verwenden.

ERGIBT 2 STÜCK

1 Englischer Muffin, in der Mitte durchgeschnitten
1 TL gute Passata oder Tomatensauce
1 TL rotes Pesto
1 TL Olivenöl
½ kleine rote Zwiebel, abgezogen und gehackt
2 Champignons, in Streifen geschnitten
½ kleine Zucchini (etwa 50 g), in dünne Scheiben geschnitten
1 Scheibe Schinken oder Salami, in Stücke geschnitten (nach Belieben)
50 g geriebener Cheddar oder Mozzarella
Salz und frisch gemahlener schwarzer Pfeffer

Den Muffin goldbraun toasten und abkühlen lassen. Den Grill anstellen. Passata oder Tomatensauce mit Pesto vermischen und die Muffins damit bestreichen. Das Olivenöl in einer Pfanne erhitzen und die Zwiebel darin 2 Minuten andünsten, die Pilze und die Zucchini zugeben und dünsten, bis sie weich und schön gebräunt sind. Nach Geschmack würzen.

Die Gemüsemischung gleichmäßig auf die Muffins verteilen. Mit Schinken oder Salami (falls gewünscht) belegen und mit dem Käse bestreuen. Unter dem heißen Grill etwa 4 Minuten überbacken, bis sich Blasen bilden.

FISCH

Lachsküchlein ❄

Unsere Kinder sollten immer gesundes Essen bekommen, doch es gibt Zeiten, da kann die richtige Ernährung über Erfolg oder Misserfolg entscheiden. Alles, was wir essen oder trinken, versorgt das Gehirn mit Energie und unterstützt die Konzentration. Daher ist es so wichtig, dass Kinder »Hirnnahrung« bekommen, wenn ihnen zum Beispiel Prüfungen bevorstehen. Lachs ist reich an Omega-3-Fettsäuren, die in öligem Fisch wie Lachs enthalten sind, und ist deshalb eine Energieladung für das Gehirn. Hier ist mein Rezept für Lachsküchlein, die bei Kindern ausgesprochen gut angekommen, aber auch ein Essen für die ganze Familie sind.

ERGIBT 8 FISCHKÜCHLEIN

250 g Kartoffeln
2 EL Mayonnaise
1 ½ EL süße Chilisauce
1 TL Zitronensaft
20 g Frühlingszwiebeln, in Ringe geschnitten
35 g geriebener Cheddar
2 EL Ketchup
250 g roher Lachs, in kleine Würfel geschnitten

60 g frische Semmelbrösel, Salz und frisch gemahlener schwarzer Pfeffer
100 g Paniermehl
Sonnenblumenöl zum Braten

DIP
3 EL Mayonnaise
2 EL süße Chilisauce

Die Kartoffeln (in der Schale) in einem Topf mit kaltem Wasser aufsetzen. Zum Kochen bringen und 20–25 Minuten kochen, bis man sie mit einem Messer leicht einstechen kann. Abgießen und abkühlen lassen, dann schälen und in einer Schüssel zerdrücken. Mit der Mayonnaise, der süßen Chilisauce, dem Zitronensaft, den Frühlingszwiebeln, dem geriebenen Käse und dem Ketchup grob vermengen. Den rohen Lachs und die Semmelbrösel untermischen und gut würzen. Aus der Masse etwa 8 Fischküchlein formen und in Paniermehl wenden. In etwas Öl etwa 5 Minuten goldgelb braten, nach der Hälfte der Zeit wenden.

Für den Dip die Mayonnaise und die Chilisauce mischen oder mit etwas Ketchup servieren.

Fish-Pie mit Dill ❄

Frischer Dill ist das gewisse Etwas bei diesem Fisch-Pie. Sie können dafür auch halb Lachs, halb Kabeljau verwenden oder verschiedene andere Fischarten wie Alaska-Seelachs. Damit genügend Vitamine enthalten sind, schmuggle ich Möhren in die obere Schicht. Sie können den Pie für die Familie in einer großen Form backen oder als Einzelportionen auf kleine Förmchen verteilen. Die müssen im Ofen dann auch nicht so lange backen.

ERGIBT 6 PORTIONEN

500 g Kartoffeln, geschält und gewürfelt
2 Möhren, geschält und in dünne Scheiben geschnitten
etwas Butter
1–2 EL Milch
30 g Butter
1 Zwiebel, grob gehackt
30 g Mehl
300 ml warme Milch
50 g geriebener Parmesan
1 TL Dijon-Senf
1 ½ El frischer, gehackter Dill
1 EL Zitronensaft
175 g Kabeljaufilet, gehäutet, in Würfel geschnitten
175 g Lachs, gehäutet, in Würfel geschnitten
75 g Tiefkühl-Erbsen
Salz und frisch gemahlener schwarzer Pfeffer

Die Kartoffeln und Möhren in einem Topf mit kaltem Wasser bedecken, eine Prise Salz dazugeben und zum Kochen bringen. Etwa 20 Minuten weich garen, dann abgießen und zerdrücken. Etwas Butter und Milch untermischen und zur Seite stellen.

Den Backofen auf 180 Grad vorheizen. Die Butter in einer Pfanne zerlaufen lassen. Die Zwiebel darin etwa 5 Minuten weich dünsten, das Mehl hinzufügen und 1 Minute sanft köcheln lassen, dann nach und nach die Milch unterrühren. Unter Rühren 1–2 Minuten zu einer dicken Sauce einkochen lassen. Parmesan, Senf, Dill und Zitronensaft unterrühren. Gut durchrühren, bis der Käse geschmolzen ist, dann vom Herd nehmen, den Fisch und die Erbsen dazugeben und würzen. Auf sechs Pastetenförmchen verteilen oder in eine große feuerfeste Form füllen und den Kartoffelbrei darübergeben. Mit einer Gabel eindrücken, sodass ein Streifenmuster darauf entsteht. Die Förmchen auf ein Backblech stellen oder die Form auf einem Gitter in den Backofen schieben. 15–30 Minuten backen, bis der Pie an den Rändern Blasen wirft und die Oberfläche goldbraun gefärbt ist.

Käse-Kabeljau mit Möhren ❋

Zu diesem Rezept passt anstatt des Kabeljaus auch Lachs, den Butternut-Kürbis können Sie durch Möhren ersetzen.

ERGIBT 4 PORTIONEN

- 75 g Möhren, geschält und in Würfel geschnitten
- 25 g Butter
- 1 Zwiebel, fein gehackt
- 2 TL Reisweinessig
- 2 gestrichene TL Mehl
- 300 ml Milch
- 30 g geriebener Parmesan
- 150 g Kabeljaufilet, gehäutet und in Würfel geschnitten
- 1 TL Zitronensaft
- 2 TL Schnittlauchröllchen

Die Möhren in kochendes Wasser geben und in 5–7 Minuten weich garen, dann abgießen. Die Butter in einer Pfanne zerlassen, die Zwiebel darin 5 Minuten weich dünsten, den Essig angießen und rühren, bis er verdampft ist. Das Mehl dazugeben und 1 Minute rühren, dann nach und nach die Milch dazugießen. Gut umrühren, bis die Sauce eingedickt ist. Den Parmesan hinzufügen und unter Rühren schmelzen lassen, dann den Kabeljau und die Karotten untermischen und alles 4–5 Minuten köcheln lassen. Wenn alles gut durch ist, den Zitronensaft und die Schnittlauchröllchen untermischen.

Penne mit Lachs, Tomate und Dill

Zarter Lachs mit viel Omega-3-Fettsäuren verbindet sich mit Penne zu einem Gericht ganz nach dem Geschmack von Kindern.

ERGIBT 4–6 PORTIONEN

175 g Penne
2 EL Olivenöl
1 Zwiebel, fein gehackt
2 Knoblauchzehen, durchgepresst
4 große Tomaten, gehäutet, entkernt und in kleine Würfel geschnitten
1 EL frischer, gehackter Dill
3 EL Sahne oder Crème fraîche
25 g geriebener Parmesan
150 g Lachsfilet, gehäutet
1 EL Zitronensaft
Salz und frisch gemahlener Pfeffer

Die Nudeln nach Anweisung auf der Packung kochen und abgießen.

Das Öl in einer Pfanne erhitzen, die Zwiebel darin 3 Minuten andünsten, den Knoblauch dazugeben und 1 weitere Minute dünsten. Die Tomaten in die Pfanne geben und alles 5 Minuten köcheln lassen, bis die Tomaten weich sind und zerfallen. Den Dill, die Sahne oder Crème fraîche und den Parmesan unterrühren, bis der Käse geschmolzen ist.

Den Lachs mit dem Zitronensaft in eine Schüssel geben, mit mikrowellengeeigneter Frischhaltefolie bedecken und diese mehrmals einstechen. In der Mikrowelle etwa 2 Minuten garen, bis er gut durch ist.

Den Lachs in kleine Stücke zerteilen und zusammen mit der ausgetretenen Flüssigkeit in die Pfanne geben, die gekochten Nudeln ebenfalls hinzufügen. Alles vorsichtig vermischen und würzen.

Mamas Fisch-Pie ❄

Wenn es Ihnen wichtig ist, dass Ihr Kind von klein auf Fisch mag, sollten Sie diesen köstlichen Fisch-Pie probieren. Sie können Einzelportionen in kleinen Pastetenförmchen einfrieren.

ERGIBT 4 KLEINE FISCH-PIES

- 500 g Kartoffeln, geschält und in Stücke geschnitten
- 75 g Butter
- 4 EL Milch
- 1 kleine Zwiebel, fein gehackt
- 2 Tomaten, gehäutet, entkernt und klein gewürfelt
- 1½ EL Mehl
- 200 ml Milch
- 225 g gehäutetes Kabeljaufilet, in nicht zu kleine Würfel geschnitten
- 225 g gehäutetes Lachsfilet, in nicht zu kleine Würfel geschnitten
- 1 EL gehackte Petersilie
- 1 Lorbeerblatt
- 50 g geriebener Cheddar
- 1 Ei, leicht verquirlt
- etwas Salz und frisch gemahlener Pfeffer

Die Kartoffeln in leicht gesalzenem Wasser weich kochen (etwa 15 Minuten), dann abgießen und mit 4 EL Milch und der Hälfte der Butter zerdrücken, nach Belieben würzen.

Die restliche Butter in einer Pfanne mit dickem Boden zerlaufen lassen und die Zwiebel 3 Minuten andünsten. Die Tomatenwürfel dazugeben und 2–3 Minuten dünsten. Das Mehl einrühren und 1 weitere Minute garen. Die Milch dazugießen, alles zum Kochen bringen und 1 Minute kochen. Kabeljau, Lachs, Petersilie und Lorbeerblatt hinzufügen und 3–4 Minuten ziehen lassen. Das Lorbeerblatt herausnehmen, den geriebenen Käse unterrühren und schmelzen lassen und gut würzen.

Den Backofen auf 180 Grad vorheizen. Die Fischmasse auf 3 Pastetenförmchen (etwa 8–10 cm Durchmesser) verteilen und mit den zerdrückten Kartoffeln bedecken. Mit dem verquirlten Ei bestreichen und 15–20 Minuten backen. Eventuell unter dem vorgeheizten Grill noch einige Minuten bräunen.

Gebackene Thunfisch-Brötchen

Thunfisch ist reich an Proteinen, Vitamin D und Vitamin B_{12}. Diese gefüllten Brötchen gehen schnell und einfach und sind eine köstliche und gesunde Mahlzeit.

ERGIBT 1–2 PORTIONEN

- 1 Dose Thunfisch in Öl, abgetropft (100 g)
- 1 EL Crème fraîche oder Mayonnaise
- 1 EL Tomatenketchup
- 1 Frühlingszwiebel, fein gehackt
- 2 EL Dosenmais
- 1 Brötchen
- 25 g geriebener Cheddarkäse

Den Thunfisch in einer Schüssel mit der Gabel zerpflücken, mit Crème fraîche oder Mayonnaise, Tomatenketchup, Frühlingszwiebeln und Mais vermischen. Den Grill vorheizen, das Brötchen in der Mitte durchschneiden und toasten. Die beiden Hälften mit der Thunfischmischung bestreichen, mit dem geriebenen Käse bestreuen und etwa 2 Minuten unter den Grill stellen, bis der Käse goldbraun gefärbt ist und Blasen wirft.

Thunfisch-Pita-Taschen

ERGIBT 2 PITA-TASCHEN

- 100 g Dosenthunfisch in Öl, abgetropft
- 50 g Mais
- 1 hart gekochtes Ei, klein gehackt
- 1 EL Mayonnaise
- ½ TL Weißweinessig
- 2 Frühlingszwiebeln, gehackt
- 1 Tomate, gehäutet, entkernt und klein geschnitten
- Salz und frisch gemahlener schwarzer Pfeffer
- 1 Pitabrot

Den Thunfisch mit einer Gabel zerkleinern und mit Mais, Ei, Mayonnaise, Weißweinessig, Frühlingszwiebeln, Tomate und Gewürzen vermischen. Das Pitabrot toasten, halbieren, jeweils eine Tasche einschneiden und mit der Thunfischmasse füllen.

Überbackene Thunfisch-Nudeln ❄

Das ist mein Thunfisch-Lieblingsrezept. Es gibt eine Menge Vorräte, mit denen mal ein schnelles Essen zaubern kann. Hier verwende ich Dosenthunfisch und eine Tomatencremesuppe aus der Dose für ein Gericht, das meine Familie liebt. Falls Sie gerade keine frischen Kräuter haben, nehmen Sie einfach getrocknete.

ERGIBT 6 PORTIONEN

200 g Fusilli
25 g Butter
½ Zwiebel, geschält und fein gehackt
1 EL Mehl
120 ml Wasser
400 g Tomatencremesuppe aus der Dose
1 EL Tomatenmark
1 Prise Kräuter der Provence
2 Dosen Thunfisch in Öl (à 160 g), abgetropft
1 ½ TL frischer Thymian, gehackt
1 ½ TL Schnittlauch, in Röllchen geschnitten

25 g geriebener Parmesan
Salz und frisch gemahlener schwarzer Pfeffer

CHAMPIGNON-KÄSE-SAUCE

40 g Butter
1 kleine Zwiebel, geschält und fein gehackt
100 g Champignons, gewaschen und in Scheiben geschnitten
2 EL Mehl
300 ml Milch
60 g Cheddarkäse, gerieben

Die Nudeln nach Anweisung auf der Packung kochen und abgießen.

Die Zwiebel in der Butter glasig dünsten, das Mehl hinzugeben, dabei 1 Minute ständig rühren. Die Suppe hinzugeben und unter Rühren kochen, bis die Sauce eingedickt ist. Das Tomatenmark und den Thunfisch unterrühren und 2 Minuten köcheln lassen. Vom Herd nehmen, die Kräuter untermischen und würzen.

Für die Sauce die Zwiebel in der Butter weich dünsten. Dann die Pilze dazugeben und 2 Minuten braten. Das Mehl darüberstäuben und 1 Minute umrühren, dann nach und nach die Milch unterrühren. Dabei ständig rühren, bis die Sauce eingedickt ist. Den Käse untermischen und schmelzen lassen, vorsichtig würzen.

Den Grill vorheizen. Die abgetropften Nudeln mit der Thunfischsauce mischen und in eine ofenfeste Form füllen. Die Pilzsauce darüber verteilen und mit Parmesan bestreuen. Im Grill etwa 5 Minuten überbacken, bis sich Blasen bilden.

Thunfisch mit Nudeln und Tomaten

Fast alle Kinder mögen Penne mit Tomatensauce. Wenn man das Ganze mit Thunfisch anreichert, wird es noch nahrhafter. Halbgetrocknete Tomaten machen das Gericht noch feiner.

ERGIBT 4 PORTIONEN

200 g Penne
2 EL Olivenöl
1 mittelgroße rote Zwiebel, geschält und gehackt
4 reife Pflaumentomaten, geviertelt, entkernt und in Würfel geschnitten
200 g Dosenthunfisch in Öl, abgetropft
75 g halbgetrocknete Tomaten, klein geschnitten
1 TL Balsamico-Essig
einige Basilikumblätter, zerpflückt
Salz und frisch gemahlener schwarzer Pfeffer

Die Penne nach Packungsanweisung kochen. In einer großen Pfanne das Öl erhitzen und die Zwiebel darin 5 Minuten glasig dünsten, gelegentlich umrühren. Die frischen Tomaten dazugeben und 2–3 Minuten unterrühren, bis sie weich werden. Den Thunfisch, die halbgetrockneten Tomaten, den Balsamico-Essig, das Basilikum und die Gewürze untermischen und 1 Minute durchkochen. Mit den Nudeln vermengen und servieren.

HÄHNCHEN

Gegrilltes Hähnchen

Eine gute Marinade macht das Fleisch weicher und verleiht ihm Würze. Wir haben einen Grill mit Deckel, sodass wir ihn das ganze Jahr über benutzen können.

ERGIBT 4 ERWACHSENENPORTIONEN

GRILL-MARINADE
1½ TL Worcestersauce
2 EL Sojasauce
1 EL brauner Zucker
1 TL Zitronensauce
1 Knoblauchzehe, durchgepresst
4 EL Ketchup
4 kleine Hähnchenbruststücke mit Haut, teilweise ausgelöst
6 Hähnchenschenkel

TERIYAKI-MARINADE
2 EL Reisweinessig
1 EL Sesamöl
2 EL brauner Zucker
3 EL Sojasauce
3–4 Hähnchenbruststücke (oder 6–8 Hähnchenschenkel, ausgelöst)

Alle Zutaten für die Marinaden vermischen. Das Fleisch mindestens 1 Stunde darin einlegen, wenn möglich länger.

Den Backofen auf 200 Grad vorheizen und die Hähnchenteile garen. Ausgelöste Hähnchenbrust braucht 25–30 Minuten, Schenkel mit Knochen 30–35 Minuten. Oder Sie legen die Teile bei mittlerer Hitze die gleiche Zeit auf den Grill.

Thai-Hähnchen mit Nudeln

Schrecken Sie nicht davor zurück, Ihrem Kind neue Geschmacksvarianten anzubieten – dieses Rezept mit milder Currypaste und Kokosmilch ist allseits beliebt. Oft überraschen uns Kinder, indem sie ziemlich ausgefallene Gerichte mögen, und in der Regel gewöhnt man sie leichter an neue Speisen, wenn sie noch kleiner sind. Dieses Gericht eignet sich für die ganze Familie.

ERGIBT 4 PORTIONEN

1½ Hähnchenbrustfilets oder
  3 ausgelöste Hähnchenschenkel,
  in Streifen geschnitten
125 g chinesische Nudeln
1 EL Pflanzenöl
3 Frühlingszwiebeln
1 Knoblauchzehe, durchgepresst
½ TL rote Chilischote, entkernt und
  fein gehackt
1½–2 TL Korma-Currypaste
150 ml Hühnerbrühe

150 ml Kokosmilch
75 g Babymaiskolben, geviertelt
100 g Sojabohnensprossen
75 g Tiefkühl-Erbsen

MARINADE
1 EL Sojasauce
1 EL Reiswein
½ TL Zucker
1 TL Stärkemehl

Die Zutaten für die Marinade miteinander verrühren und das Hähnchenfleisch darin mindestens 30 Minuten marinieren. Die Nudeln nach Packungsanweisung kochen, abgießen und unter kaltem Wasser abschrecken. Das Pflanzenöl im Wok oder einer Bratpfanne erhitzen und die Frühlingszwiebeln, den Knoblauch und die Chilischote etwa 2 Minuten darin unter Rühren anbraten. Das Fleisch leicht trocken tupfen, in den Wok geben und weitere 2 Minuten unter Rühren anbraten. Currypaste, Hühnerbrühe und Kokosmilch dazugeben und 5 Minuten bei schwacher Hitze kochen. Maiskölbchen und Sojabohnensprossen hinzufügen und 3–4 Minuten weiter kochen. Zum Schluss die Erbsen unterrühren und in weiteren 2 Minuten fertig garen. Dann mit den Nudeln mischen und servieren.

Satay-Huhn

Helfen Sie Ihrem Kind, das Fleisch von den Spießchen abzustreifen, und entfernen Sie die Spieße sofort – in den Händen übermütiger Kleinkinder könnten sie gefährlich werden. Sie brauchen zehn Bambusspieße.

ERGIBT 10 SPIESSE

- 1 EL Ingwer, gehackt
- 3 EL Erdnussbutter
- 2 Knoblauchzehen, gehackt
- 2 EL Reisweinessig
- 3 EL helle Sojasauce
- 3 EL brauner Zucker
- 1 kleine rote Chili, Samen entfernt
- 3 EL Limettensaft
- 1 kleine Schalotte
- Salz und frisch gemahlener schwarzer Pfeffer
- 1 ½ EL Erdnussöl
- 2 Hähnchenbrustfilets oder ausgelöste Hähnchenschenkel, in Streifen geschnitten

Für die Marinade alle Zutaten außer dem Erdnussöl und dem Fleisch glatt pürieren. Die Satay-Marinade in eine Schüssel geben, die Hähnchenstreifen darin einlegen. Im Kühlschrank mindestens 30 Minuten (maximal 3–4 Stunden) ziehen lassen.

Die Bambusspieße 30 Minuten in Wasser einweichen, damit sie nicht ankohlen. Die marinierten Hähnchenteile auf die Spieße stecken und den Grill vorheizen. In einer Bratpfanne das Öl erhitzen, die Spieße ein paar Minuten darin braten, bis das Fleisch außen karamellisiert ist (eventuell in zwei Portionen braten). Dann auf eine Grillschale legen und 4–5 Minuten unter den Grill schieben, bis sie durch sind. Sie können die Spieße auch komplett auf dem Grill garen.

Hähnchen-Kartoffel-Auflauf ❄

Dieses Gericht ist eines meiner liebsten – ein köstliches Hähnchen in einer leckeren Sauce und mit Kartoffel-Käse-Decke!

ERGIBT 4 PORTIONEN

OBERER BELAG
1500 g Kartoffeln, geschält und in 5 cm große Stücke geschnitten
25 g Butter
100 ml Milch
55 g geriebener Cheddar
15 g geriebener Parmesan

AUFLAUFMASSE
25 g Butter
1 Stange Lauch, gesäubert und in dünne Ringe geschnitten
1 große oder 2 kleine Schalotten, fein gehackt
25 g Mehl
350 ml ungesalzene Hühnerbrühe
100 ml Sahne
250 g gekochtes Hähnchenfleisch, geschnetzelt
75 g Tiefkühl-Erbsen
1 EL frische Petersilie, gehackt
1 EL Zitronensaft

Die Kartoffeln in kaltem Salzwasser aufsetzen, zum Kochen bringen und in 10–15 Minuten weich garen. Abgießen und mit Butter, Milch und dem geriebenen Käse zerdrücken.

Die Butter in einer Pfanne zerlaufen lassen, den Lauch und die Schalotten 8–10 Minuten vorsichtig glasig dünsten. Das Mehl darüberstäuben und 1 Minute umrühren, dann nach und nach die Brühe dazugießen, dabei stetig rühren, sodass eine sämige Sauce entsteht. (Sie können dazu den Topf auch vom Herd nehmen.)

Die Sahne untermischen, dann unter Rühren kochen, bis die Sauce fast kocht. Das Hähnchenfleisch, die Erbsen und die Petersilie untermischen, vom Herd nehmen und den Zitronensaft einrühren. In eine ofenfeste Form mit 1,5 Liter Fassungsvermögen füllen und mit der Kartoffelmasse bedecken. Im vorgeheizten Backofen bei 200 Grad etwa 20 Minuten backen. Zum Schluss einige Minuten den Grill anstellen, bis die Oberfläche goldbraun gefärbt ist. Wenn Sie ein Backpapier unter die Form legen, bleibt der Ofen schön sauber.

Mulligatawny-Hähnchen ❄

Dieses Gericht hat eine Grundlage aus Tomaten und einen milden Currygeschmack, den Kinder lieben. Meine Mutter hat es erfunden, und in unserer Familie ist es seit meiner Kindheit eines der beliebtesten Gerichte. Am besten schmeckt es mit Reis. Sie können dazu noch Pappadams anbieten, die man in den meisten Supermärkten bekommt.

ERGIBT 8 ERWACHSENENPORTIONEN

- 1 Huhn, in etwa 10 Stücke geschnitten, ohne Haut
- Pflanzenöl
- Mehl
- 2 mittelgroße Zwiebeln, geschält und gehackt
- 6 EL Tomatenmark
- 2 TL mildes Currypulver
- 900 ml Hühnerbrühe
- 1 großer oder 2 kleine Äpfel, ohne Kerngehäuse und in feine Scheiben geschnitten
- 1 kleine Möhre, geschält und in dünne Scheiben geschnitten
- 2 Scheiben Zitrone
- 75 g Sultaninen
- 1 Lorbeerblatt
- 1 TL brauner Zucker
- Salz und Pfeffer

Die Hühnerstücke im Mehl wälzen und im Öl goldbraun braten. Auf Küchenkrepp abtropfen lassen und in eine feuerfeste Form geben.

Die Zwiebeln in einem Topf in etwas Öl goldgelb braten, dann das Tomatenmark unterrühren. Currypulver hinzufügen und die Mischung bei schwacher Hitze unter Rühren einige Minuten anbraten. Zwei Esslöffel Mehl hineinrühren, dann 300 ml Hühnerbrühe dazugießen und gut vermischen.

Apfel, Möhre, Zitronenscheiben, Sultaninen, Lorbeerblatt und die restliche Brühe hinzugeben. Mit Zucker, Salz und Pfeffer abschmecken.

Die Sauce über das Huhn in der Form geben, zudecken und im vorgeheizten Backofen bei 180 Grad (Gas Stufe 4) 1 Stunde backen. Die Zitronenscheiben und das Lorbeerblatt entfernen, die Knochen vom Huhn auslösen und das Fleisch in Stücke schneiden.

Hähnchen Tikka Masala ❄

Wenn es ein Currygericht gibt, das garantiert ankommt, dann ist das Hähnchen-Tikka-Masala. Dazu passt herrlich lockerer Reis oder Papadam.

Der Ursprung dieses Gerichts ist unbekannt, doch oft wird erzählt, dass ein Brite in einem indischen Restaurant Hähnchen-Tikka bestellt hat. Es war so trocken, dass der Koch eine Dose Tomatensuppe und Joghurt unterrührte. Dem Gast hat es sehr geschmeckt und so war Hähnchen-Tikka-Masala geboren.

ERGIBT 4 PORTIONEN

- 350 g Hähnchenbrust, ausgelöst, in Würfel geschnitten
- 1 TL Garam Masala
- 150 g Butternut-Kürbis, in Würfel geschnitten
- 1½ TL Sonnenblumenöl
- etwas Butter
- 1 Zwiebel, gehackt
- 1 TL Ingwer, gerieben
- 1½ TL Korma-Currypaste
- ½ TL gemahlener Koriander
- 1 TL Garam Masala
- 1 EL Tomatenmark
- 400 g Pizzatomaten aus der Dose
- 200 ml ungesalzene Hühnerbrühe
- 1 EL Honig
- 2 EL Mango Chutney
- 1 EL Zitronensaft
- 2 EL Apfelsaft
- 10 ml Sahne

Das Hähnchenfleisch mit dem Garam Masala vermischen und 15 Minuten ziehen lassen. Inzwischen den Butternut-Kürbis 5 Minuten kochen und abgießen.

Das Öl in einer Bratpfanne erhitzen und das Hähnchen 3 Minuten darin anbraten, bis es leicht gebräunt ist. Auf einem Teller zur Seite stellen.

In einem Topf die Butter erhitzen, die Zwiebel darin 5 Minuten andünsten, dann Ingwer, Gewürze und Tomatenmark zugeben und 30 Sekunden dünsten. Tomaten, Brühe, Honig, Chutney, Zitronensaft und Apfelsaft untermischen und alles ohne Deckel 10 Minuten köcheln. Dann die Sahne unterrühren und weitere 10 Minuten köcheln, bis das Gericht eine dicke Konsistenz hat und orange gefärbt ist. Hähnchenfleisch und Kürbis dazugeben und noch einmal 5 Minuten gut durchkochen.

Mariniertes Hähnchen vom Blech

Ich bereite Hähnchen, Fleisch oder Fisch sehr gerne auf dem Blech zu. Das ist eine gesunde Garmethode, weil man dabei nur wenig Fett braucht. Meine drei Kinder lieben dieses Rezept, weil das Fleisch durch die Marinade einen herrlichen Geschmack bekommt und sehr weich wird. Das Blech sollte sehr heiß sein, wenn Sie das Fleisch darauflegen.

ERGIBT 2 ERWACHSENENPORTIONEN

2 Hähnchenbrüste oder
   4 Hähnchenschenkel, ausgelöst
1 EL Olivenöl
Salz und frisch gemahlener Pfeffer

MARINADE
1 EL Zitronensaft
1 EL Sojasauce
1 EL Honig
1 kleine Knoblauchzehe, geschält und in Scheiben geschnitten
2 frische Rosmarinzweige (nach Belieben)

Die Hähnchenbrüste mit einem scharfen Messer 2- bis 3-mal einstechen und mit Salz und Pfeffer würzen. Die Zutaten für die Marinade verrühren und das Hähnchen mindestens 2 Stunden darin ziehen lassen. Das Blech aufheizen, mit Öl bepinseln, das Fleisch aus der Marinade nehmen und auf jeder Seite 4–5 Minuten garen, bis es gut durch ist. In Streifen schneiden und mit farbenfrohem Gemüse wie Möhren, Brokkoli oder Erbsen anrichten, dazu gibt es frittierte Kartoffeln oder Kartoffelbrei.

ROTES FLEISCH

Mini-Minutensteaks

Einfach himmlisch mit Bratensauce und Bratkartoffeln.

ERGIBT 2 ERWACHSENENPORTIONEN ODER 4 KINDERPORTIONEN

- 2 EL Pflanzenöl
- 1 Zwiebel, geschält und in dünne Ringe geschnitten
- 1 TL Zucker
- 1 EL Wasser
- 200 ml Rinderbrühe
- 1 TL Stärkemehl, angerührt mit 1 EL Wasser
- einige Tropfen Worcestersauce
- 1 TL Tomatenmark
- Salz und Pfeffer
- 350 g geschälte Kartoffeln
- 25 g Butter
- 4 Minutensteaks à 60 g (Filet oder Rumpsteak), etwa 5 mm dick

Für die Sauce 1 EL Pflanzenöl in einer Bratpfanne erhitzen. Die Zwiebel darin 7–8 Minuten goldbraun braten. Zucker und Wasser dazugeben, die Temperatur erhöhen und etwa 1 Minute durchkochen, bis das Wasser verkocht ist. Dann die Rinderbrühe dazugießen, das angerührte Stärkemehl, die Worcestersauce und das Tomatenmark einrühren. Unter Rühren 2–3 Minuten kochen, bis die Sauce eingedickt ist.

Die Kartoffeln in große Stücke schneiden, in leicht gesalzenem Wasser etwa 8 Minuten kochen, bis sie weich sind. Abgießen und in Scheiben schneiden. Butter in einer Bratpfanne erhitzen und die Kartoffelscheiben unter gelegentlichem Wenden darin 5–6 Minuten goldbraun braten.

Das restliche Öl in einer anderen Pfanne erhitzen, die Steaks würzen und darin von jeder Seite 1–2 Minuten braten. Mit der Sauce und den Bratkartoffeln servieren.

Rindergeschnetzeltes mit Brokkoli

Eine schnelle Rindfleischpfanne mit einer schmackhaften Sauce. Sesamsamen röstet man, indem man sie in einer trockenen Pfanne einige Minuten bräunt. Damit sie nicht anbrennen, muss man sie dabei ständig rühren.

ERGIBT 4 ERWACHSENENPORTIONEN

- 175 g Reis
- 1 EL Sesamöl
- ½ TL Sonnenblumenöl
- 1 Zwiebel, geschält und gehackt
- 1 Knoblauchzehe, durchgepresst
- 1 mittelgroße Möhre, geschält und in Stifte geschnitten
- 100 g Brokkoliröschen
- 250 g Rinderfilet, in feine Streifen geschnitten
- 1 EL Maismehl
- 150 ml ungesalzene Rinderbrühe
- 2 EL brauner Zucker
- 1½ EL Sojasauce
- 1 EL geröstete Sesamsamen

Den Reis nach Packungsanweisung kochen. Sesamöl und Sonnenblumenöl im Wok oder in einer Bratpfanne erhitzen und die Zwiebel und den Knoblauch 3–4 Minuten darin unter ständigem Rühren anbraten. Die Möhre und den Brokkoli dazugeben und weitere 2 Minuten mit anbraten. Dann die Rindfleischstreifen hinzufügen und 4–5 Minuten mitbraten, dabei ständig rühren. Das Maismehl mit 1 EL Wasser anrühren und mit der Brühe verrühren.
Die Flüssigkeit in die Pfanne gießen, den Zucker, die Sojasauce und die gerösteten Sesamsamen ebenfalls untermischen. Zum Kochen bringen und 2 Minuten köcheln lassen. Mit dem gekochten Reis servieren.

Saftige Beefburger ❄

Der geriebene Apfel macht diese Beefburger herrlich saftig. Servieren Sie sie mit Salat und Ketchup in Hamburgerbrötchen, dazu gibt es Pommes frites aus dem Backofen. Die Burger eignen sich aber auch gut zum Grillen im Sommer.

Zum Einfrieren legen Sie die Burger roh auf ein Tablett, das mit Frischhaltefolie ausgelegt ist. Sobald sie gefroren sind, packen Sie die Burger einzeln in Folie. So sind sie bei Bedarf gut zu entnehmen.

ERGIBT 8 BURGER

- ½ rote Paprika, entkernt und klein geschnitten
- 1 mittelgroße Zwiebel, geschält und fein gehackt
- 1 EL Pflanzenöl
- 450 g mageres Hackfleisch vom Rind oder Lamm
- 1 EL gehackte Petersilie
- 1 Würfel Hühnerbrühe, fein zerkrümelt
- 1 Apfel, geschält und geraspelt
- 1 Eigelb, leicht verschlagen
- 50 g frische Weißbrotbrösel
- 1 TL Worcestersauce
- Salz und frisch gemahlener schwarzer Pfeffer
- etwas Mehl
- Pflanzenöl zum Braten

Die Paprika und die Hälfte der Zwiebel im Öl etwa 5 Minuten anbraten, bis sie weich sind. In einer Schüssel die angebratene Zwiebel und Paprika und die restliche rohe Zwiebel mit allen Zutaten außer Mehl und Öl vermischen. Mit bemehlten Händen 8 Burger formen. Eine Pfanne mit etwas Öl bepinseln und, wenn diese heiß ist, die Burger darin von jeder Seite etwa 5 Minuten braten, bis sie außen gebräunt und innen durch sind. Alternativ von jeder Seite 5 Minuten grillen. Einfach so oder in getoasteten Brötchen mit Salat und Ketchup servieren.

Cocktail-Fleischbällchen mit Tomatensauce ❄

ERGIBT 6 PORTIONEN

TOMATENSAUCE
1½ EL Olivenöl
1 mittelgroße Zwiebel, geschält und gehackt
1 Knoblauchzehe, durchgepresst
250 g reife Tomaten, gehäutet, entkernt und klein geschnitten
400 g Dosentomaten, klein geschnitten
1 TL Balsamico-Essig
1 TL Zucker
Salz und frisch gemahlener schwarzer Pfeffer
1 EL frisches Basilikum, zerpflückt

FLEISCHBÄLLCHEN
350 g mageres Rinderhack
1 mittelgroße Zwiebel, geschält und fein gehackt
1 Granny-Smith-Apfel, geschält und geraspelt
50 g frische Weißbrotbrösel
1 EL frische Petersilie, gehackt
1 Würfel Hühnerbrühe, fein zerkrümelt und in 2 EL kochendem Wasser aufgelöst
Salz und frisch gemahlener schwarzer Pfeffer
Mehl zum Formen der Bällchen
Pflanzenöl zum Braten

Für die Tomatensauce die Zwiebel und den Knoblauch im Öl vorsichtig dünsten. Dann die frischen Tomaten hinzufügen und 1 Minute mitdünsten. Dosentomaten, Essig, Zucker und Gewürze zugeben und 20 Minuten bei schwacher Hitze kochen. Die Basilikumblättchen untermischen und zu einer glatten Sauce pürieren.

   Inzwischen die Zutaten für die Fleischbällchen vermischen. Mit bemehlten Händen 25 Bällchen formen. Das Öl in einer Bratpfanne erhitzen und die Bällchen bei guter Hitze braten, gelegentlich wenden. Wenn sie außen schön gebräunt sind, die Hitze reduzieren und weitere 5 Minuten braten. Die Tomatensauce darübergießen und alles zugedeckt noch 10–15 Minuten kochen.

NUDELGERICHTE

Farfalle mit Kirschtomaten und Mozzarella

Meine Kinder lieben dieses Gericht und essen es genauso gerne warm wie kalt.

ERGIBT 4 PORTIONEN

175 g Farfalle
100 g Kirschtomaten, halbiert
Mozzarella in Würfel geschnitten
Eisbergsalat, klein geschnitten

DRESSING
2 EL Olivenöl
1 EL Reißweinessig
¼ TL Honig
½ TL Pesto
1 EL Schnittlauchröllchen

Die Nudeln nach Anweisung auf der Packung kochen. Abgießen, abgekühlt mit den Kirschtomaten, dem Mozzarella und dem Eisbergsalat vermischen. Die Zutaten für das Dressing verrühren und unter den Salat mischen.

Drei-Käse-Sauce ❄

Eine köstliche Nudelsauce aus drei verschiedenen Käsesorten. Als Variation können Sie auch noch Schinkenstreifen untermischen.

ERGIBT 4 PORTIONEN

30 g Butter
30 g Mehl
300 ml Milch
50 g geriebener Greyerzer

40 g geriebener Parmesan und weiteren
    zum Servieren
150 g Mascarpone
250 g Penne

Für die Sauce die Butter zerlaufen lassen und das Mehl darin 1 Minute anschwitzen. Nach und nach die Milch angießen und bei niedriger Hitze 5 Minuten gut durchrühren, bis die Sauce sämig ist. Vom Herd nehmen, Greyerzer und Parmesan unterrühren und schmelzen lassen, dann den Mascarpone untermischen. Die Nudeln nach Anweisung auf der Packung kochen und mit der Sauce vermischen. Dazu noch eine Extraportion geriebenen Parmesan servieren.

Spaghetti Primavera

Ein einfaches Rezept für Spaghetti mit Frühlingsgemüse in einer leckeren Käsesauce. Auch andere Nudelsorten eignen sich dafür gut.

ERGIBT 4 PORTIONEN

225 g Spaghetti
1 EL Olivenöl
1 Zwiebel, gehackt
1 Knoblauchzehe, durchgepresst
1 mittelgroße Möhre, gestiftelt
1 mittelgroße Zucchini, gestiftelt

125 g Blumenkohl, in kleine Röschen zerteilt
150 ml Crème fraîche light
150 ml Gemüsebrühe (Seite 48)
50 g Tiefkühl-Erbsen
50 g frisch geriebener Parmesan

Die Spaghetti in einem großen Topf mit leicht gesalzenem Wasser nach Packungsanweisung kochen. Das Öl in einer Pfanne erhitzen und Zwiebel und Knoblauch 1 Minute darin anbraten. Möhren- und Zucchinistifte dazugeben, unter gelegentlichem Rühren 2–3 Minuten mit anbraten. Inzwischen den Blumenkohl in leicht gesalzenem Wasser 5 Minuten blanchieren oder dämpfen, bis er weich ist. Crème fraîche, Gemüsebrühe und Erbsen zu den Möhren und Zucchini geben und untermischen. 2–3 Minuten mitgaren, dann den Parmesan unterrühren. Die Spaghetti abgießen und die Sauce unterziehen.

Spaghetti mit Zwei-Tomaten-Sauce ❄

Eine wirklich gute selbst gemachte Tomatensauce kommt immer an und kann mit jeder Nudelsorte kombiniert werden. Dazu passt frisch geriebener Parmesan.

ERGIBT 4 PORTIONEN

- 3 EL Olivenöl
- 1 Zwiebel, geschält und gehackt
- 1 Knoblauchzehe, geschält und durchgepresst
- 4 reife Tomaten, gehäutet, entkernt und gehackt
- 400 g Dosentomaten, gewürfelt
- 1 Prise Zucker
- 1 Lorbeerblatt
- 2 EL frisches Basilikum, gehackt
- Salz und Pfeffer
- 250 g Spaghetti

Das Öl in einem Topf erhitzen und Zwiebel und Knoblauch 5–6 Minuten darin weich dünsten. Frische Tomaten und Dosentomaten, Zucker, Lorbeerblatt und gehacktes Basilikum dazugeben, zum Kochen bringen und 20 Minuten kochen lassen. Inzwischen die Spaghetti nach Packungsanweisung zubereiten. Die Nudeln abgießen und mit der Sauce vermischen.

OBST

Brot-Butter-Pudding »Annabel«

Diesen Pudding bringt man auch noch zustande, wenn der Vorratsschrank praktisch leer ist. Ich finde es besonders ansprechend, wenn man ihn in mehreren kleinen Auflaufförmchen bäckt.

ERGIBT 4 AUFLAUFFÖRMCHEN

4 dünne Scheiben Weißbrot	1 Ei
30 g weiche Butter	150 ml Sahne
1 gehäufter TL Aprikosenmarmelade	100 ml Milch
50 g Sultaninen	50 g Zucker
1 TL Vanilleextrakt	2 EL Demerara-Zucker

Den Backofen auf 180 Grad vorheizen. Die Brotscheiben mit Butter und Marmelade bestreichen. Die Rinde abschneiden und jede Scheibe zweimal diagonal durchschneiden, sodass vier Dreiecke entstehen. Diese in 4 Auflaufförmchen (etwa 10 cm Durchmesser) legen. Die Sultaninen darauf verteilen. Vanilleextrakt, Ei, Sahne, Milch und Zucker vermengen und über die Brotscheiben gießen. Mit Demerara-Zucker bestreuen und 20 Minuten ziehen lassen. Im Ofen etwa 20 Minuten backen, bis der Pudding schön aufgegangen und goldbraun gefärbt ist. Sofort servieren.

Mini-Käsekuchen

Die kleinen Käsekuchen gehen wirklich einfach und schnell, sie werden ganz ohne Backen in Muffinförmchen gemacht. In meiner Familie finden sie alle toll. Sie eignen sich auch hervorragend für Geburtstagspartys und Kindern macht es Spaß, sie selbst zuzubereiten. Anstatt in Papierförmchen kann man sie auch in kleine Pastetenförmchen füllen.

ERGIBT 6 MINI-KÄSEKUCHEN

6 weiche Vollkornkekse
50 g Butter
250 g Mascarpone
6 EL Lemon Curd
1 EL Zitronensaft
120 ml Sahne

Ein Muffinblech mit sechs Papierförmchen auskleiden. Die Kekse in einen Gefrierbeutel geben und mit Hilfe eines Nudelholzes zerkleinern. Die Butter zerlaufen lassen und die Kekskrümel untermischen. Die Masse auf die Förmchen verteilen und mit den Fingern am Boden festdrücken. In den Kühlschrank stellen.

Den Mascarpone mit Lemon Curd und Zitronensaft im Mixer verrühren. Die Sahne steif schlagen und unter die Käsecreme heben. Die Creme in die Förmchen verteilen.

Apfel-Crumble ❄

Ein richtig guter Crumble, der vor Früchten nur so strotzt. Dazu ist er noch einfach zuzubereiten. Sie können zusätzlich noch 150 g frische Heidelbeeren mit ½ EL Zucker unter die gegarten Äpfel mischen. Eine gute Abwandlung ist auch 400 g Rhabarber, in schmale Stücke geschnitten, mit 100 g Erdbeeren und 4 EL Zucker vermischt. Crumbles serviert man am besten heiß mit Vanillesauce oder Vanilleeis.

ERGIBT 6 PORTIONEN

750 g Äpfel, geschält, ohne Kerngehäuse und klein geschnitten
Saft einer Orange
25 g Butter
2 EL Zucker

STREUSEL
100 g Mehl
1 Prise Salz
75 g kalte Butter, in kleine Stücke geschnitten
60 g brauner Zucker
40 g gemahlene Mandeln

Den Backofen auf 180 Grad vorheizen. Die Äpfel in einer Schüssel mit dem Orangensaft vermischen. Die Butter in einer großen Pfanne zerlaufen lassen. Die Äpfel abseihen, dabei den Orangensaft auffangen, und die Apfelstücke mit dem Zucker 8 Minuten dünsten, dann 2 EL des Orangensafts unterrühren.

Für die Streusel Mehl, Salz, Butter und Zucker ein paar Sekunden in der Küchenmaschine verarbeiten, bis die Mischung an Semmelbrösel erinnert, dann die gemahlenen Mandeln dazugeben. Alternativ mit den Fingern vermischen und zu Bröseln verreiben.

Die Äpfel in eine runde ofenfeste Form füllen und mit den Streuseln bedecken. Im Ofen etwa 30 Minuten backen. Alternativ in 4–6 kleinen Auflaufförmchen backen.

Eislollis

Bei Eis am Stiel kann kein Kind widerstehen. Fertig gekaufte Lollis enthalten meist viele künstliche Aromen und Farbstoffe, daher ist es viel besser, sie aus frischem Obst selbst zu machen. Nehmen Sie Ihre Lieblingssorten und probieren Sie unterschiedliche Kombinationen mit pürierten Beeren (wegen der Kerne durch ein Sieb gestrichen), frisch oder tiefgekühlt, mit ein wenig Puderzucker gesüßt und mit Cranberrysaft oder Schwarzem Johannisbeersaft gemischt. Sie können auch etwas Joghurt unterrühren, zum Beispiel probiotischen Trinkjoghurt. Oder pürieren Sie eine Dose Lychees mit etwas Zitronen- oder Limettensaft und gießen Sie das Ganze durch ein Sieb in die Förmchen.

PFIRSICH-PASSIONSFRUCHT-LOLLIS ❄

Nehmen Sie Früchte mit schrumpeliger Haut, denn dann sind sie reif und süß.

ERGIBT 6 EISLOLLIS

Saft von 2 großen Orangen
abgeseihter Saft von 3 Passionsfrüchten
2 saftige reife Pfirsiche, gehäutet, entkernt und klein geschnitten

Alle Zutaten glatt pürieren, in Eislolli-Förmchen füllen und tiefkühlen.

ERDBEER-SORBET-LOLLIS ❄

Erdbeeren enthalten mehr Vitamin C als alle anderen Beeren, und zweifarbige Eislollis sind besonders spannend. Befüllen Sie die Hälfte der Förmchen mit dem Erdbeer-Sorbet, legen Sie sie einige Stunden ins Eisfach und füllen Sie dann orangefarbenen Saft wie Apfel-Mango-Saft oder Tropenmischung nach.

ERGIBT 4 EISLOLLIS

30 g Zucker
40 ml Wasser
250 g Erdbeeren, ohne Strunk und halbiert
Saft einer mittelgroßen Orange

Zucker und Wasser in einem Topf 3 Minuten zu einem Sirup einkochen und abkühlen lassen. Erdbeeren glatt pürieren und mit dem abgekühlten Sirup und dem Orangensaft vermischen. In Eislolli-Förmchen füllen und tiefkühlen.

Plumpudding

Die kleinen Plumpuddings sind schön saftig und ein köstliches Dessert für die ganze Familie.

ERGIBT 6 PORTIONEN

175 g weiche Butter und zusätzlich etwas Butter zum Ausfetten der Förmchen
175 g Zucker
3 mittelgroße Eier, getrennt
50 g Mehl
100 g gemahlene Mandeln
1 TL Mandelextrakt
1 TL Backpulver
3 große reife Pflaumen, entsteint
2 EL Demerara-Zucker

Den Backofen auf 160 Grad vorheizen und 6 Auflaufförmchen mit 225 ml Fassungsvermögen mit Butter ausfetten.

Die Butter und den Zucker in einer Schüssel schaumig schlagen. Eigelb, Mehl, gemahlene Mandeln, Mandelextrakt und Backpulver untermischen und gut verrühren. Das Eiweiß in einer anderen gut ausgespülten Schüssel steif schlagen und unter die Mandelmischung heben.

Die Hälfte der Pflaumen in größere Stücke schneiden und untermischen. Die Masse in die Förmchen verteilen und glatt streichen. Die restlichen Pflaumen in dünne Scheiben schneiden und auf den Puddings verteilen. Mit dem Demerara-Zucker bestreuen und auf einem Backblech 35–40 Minuten backen, bis sie schön aufgegangen, außen goldgelb und innen gerade eben fest sind.

Möhren-Apfel-Sultaninen-Muffins ✳

Das ist eines meiner Lieblingsrezepte für Muffins, und sie sind ganz schnell fertig. Sie können aus der angegebenen Menge auch 24 kleine Muffins backen, dafür die Sultaninen halbieren und die Backzeit auf 10–12 Minuten reduzieren.

ERGIBT 12 MUFFINS

175 g Mehl mit Backpulverzusatz
1 TL gemahlener Ingwer
1 TL Gewürzmischung
1 TL Backnatron
100 g brauner Zucker
2 Eier
3 EL Zuckerrübensirup
150 ml Sonnenblumenöl
150 g Möhren, geschält und geraspelt
50 g Apfel, geschält, ohne Kerngehäuse, geraspelt
75 g Sultaninen

Den Backofen auf 200 Grad vorheizen und ein Muffinblech mit 12 Vertiefungen mit Papierförmchen auskleiden.

Das Mehl, die Gewürze und das Backnatron in eine Schüssel sieben, dann den Zucker untermischen. In einer zweiten Schüssel die Eier, den Sirup und das Öl verrühren und unter die Trockenzutaten rühren. Zu einem glatten Teig schlagen. Möhren, Apfel und Sultaninen untermischen. Gleichmäßig auf die 12 Förmchen verteilen.

20–22 Minuten backen, bis die Muffins schön aufgegangen sind und eine goldbraune Färbung angenommen haben. Aus dem Ofen nehmen, im Blech etwa 10 Minuten abkühlen lassen, dann die Muffins auf ein Kuchengitter legen und ganz auskühlen lassen. In einem luftdichten Behältnis aufbewahren.

Annabels Reiscrispie-Flecken

Ich kenne kaum ein Kind, das meine Reiscrispie-Flecken nicht mag. Sie sind in nur wenigen Minuten gezaubert. Kinder haben großen Spaß, wenn sie sie selbst zubereiten dürfen. Bewahren Sie die Crispies im Kühlschrank auf. Sie können Trockenobst nach Belieben dafür mischen, gut sind auch halbgetrocknete Mangos.

ERGIBT 9 STÜCK

100 g weiße Schokolade
75 g Butter
3 EL Zuckerrübensirup
85 g Reiscrispies
75 g gemischtes Trockenobst nach Wahl, z. B. je 25 g klein geschnittene Aprikosen, Rosinen und Cranberries

Die Schokolade in Stücke brechen und in einem Topf mit der Butter und dem Sirup bei niedriger Hitze schmelzen. Die Reicsrispies und das Trockenobst in einer Schüssel mit der Schokoladenmasse vermengen.
　Eine flache, quadratische Backform mit 20 cm Seitenlänge mit Backpapier auslegen. Die Mischung darauf verstreichen und mit einem Kartoffelstampfer flach drücken. Im Kühlschrank fest werden lassen und vor dem Servieren in Quadrate schneiden.

Apfelblumen

Sie können für dieses leckere Gebäck fertigen Blätterteig verwenden, den Sie nur noch backen müssen – einfacher geht es wirklich nicht.

ERGIBT 6 KLEINE APFELTÖRTCHEN

300 g Blätterteig
40 g Butter
40 g Zucker
1 Ei
einige Tropfen Bittermandel-Aroma
50 g gemahlene Mandeln
25 g zerlassene Butter

3 kleine Äpfel
Zucker zum Bestreuen
2 EL Aprikosenmarmelade, durch ein Sieb gestrichen
1 EL Zitronensaft
6 kandierte Kirschen

Den Backofen auf 200 Grad (Gas Stufe 6) vorheizen. Mit einer runden Ausstechform (etwa 10 cm Durchmesser) sechs Kreise aus dem Blätterteig ausstechen oder einen Teller auf den Teig legen und die Kreise mit einem scharfen Messer ausschneiden. Für die Mandelfüllung Butter und Zucker cremig rühren, dann das Ei, Bittermandel-Aroma und gemahlene Mandeln untermischen und zu einer glatten Masse rühren. Den Blätterteig mehrmals mit einer Gabel einstechen und mit etwas zerlassener Butter bestreichen. Die Mandelcreme auf den Kreisen verteilen.

Die Äpfel schälen und das Kerngehäuse herausschneiden, dann halbieren und in dünne Spalten schneiden. Diese auf den Rand der Teigkreise legen. Mit etwas zerlassener Butter bestreichen, mit Zucker bestreuen und im vorgeheizten Backofen etwa 20 Minuten backen, bis das Gebäck kross und der Apfel weich ist. Die Törtchen auf einem Kuchengitter abkühlen lassen.

Marmelade und Zitronensaft in einem kleinen Topf erwärmen und die Apfelstücke damit glasieren. In die Mitte jedes Törtchens eine kandierte Kirsche setzen.

Möhren-Ananas-Muffins ❄

Gesund und absolut köstlich – was will man mehr? Bei uns sind sie im Nu verspeist!!

ERGIBT ETWA 12 MUFFINS

100 g Mehl
100 g Vollkornmehl
1 TL Backpulver
¾ TL Natron
1 TL gemahlener Zimt
1 TL gemahlener Ingwer
½ TL Salz

175 ml Pflanzenöl
75 g Zucker
2 Eier
125 g geraspelte Möhren
225 g Ananasstücke aus der Dose
100 g Rosinen

Den Backofen auf 180 Grad (Gas Stufe 4) vorheizen und ein Muffinblech mit 12 Vertiefungen mit Papierförmchen auskleiden.

Die beiden Mehlsorten, Backpulver, Natron, Zimt, Ingwer und Salz gut vermischen. Öl, Zucker und Eier unterrühren, bis eine einheitliche Masse entstanden ist. Dann geraspelte Möhren, Ananasstücke und Rosinen dazugeben. Nach und nach die Mehlmischung unterheben, dabei nur so viel rühren, dass alle Zutaten gut vermischt sind.

Den Teig in ein Muffinblech (mit Papierförmchen ausgelegt) füllen und etwa 25 Minuten goldbraun backen. Auf einem Kuchengitter abkühlen lassen.

Cupcake-Tiere ❄

Laden Sie doch einfach mal ein paar Freunde Ihrer Kinder zur Cupcake-Party ein. Es ist lustig, die Cupcakes selbst zu backen und als Tiere zu verzieren. Ein Tipp zum Backen: Butter und Eier sollten Zimmertemperatur haben.

ERGIBT 10 CUPCAKES

125 g Butter oder Margarine
125 g Zucker
½ TL geriebenen Zitronenschale
2 Eier
125 g Mehl
½ TL Backpulver

BUTTERCREME
(wahlweise fertig zu kaufende Vanille- und Schokoglasur)
100 g ungesalzene Butter
225 g Puderzucker, gesiebt
1 TL Milch
½ TL Vanillezucker
rosa Lebensmittelfarbe (nach Belieben)

DEKORATION
verschiedene Süßigkeiten wie Lakritze, Marshmallows, M&Ms, Smarties, Gummibärchen
Kekse
Katzenzungen
Zuckerschrift
Schokolade-Chips

Den Backofen auf 180 Grad vorheizen und ein Muffinblech mit 10 Papierförmchen auskleiden. Butter, Zucker, Zitronenschale, Eier, Mehl und Backpulver mit dem Handmixer oder einer Küchenmaschine zu einem glatten Teig rühren. In das Muffinblech füllen und etwa 20 Minuten backen, bis sie goldbraun sind und sich vom Rand lösen. Aus dem Ofen nehmen und einige Minuten im Muffinblech abkühlen lassen. Auf ein Kuchengitter legen und dort vollständig auskühlen lassen.

Während der Backzeit die Buttercreme zubereiten. Die Butter in einer Schüssel schaumig schlagen. Die Hälfte des Puderzuckers gut unterrühren. Dann den restlichen Puderzucker, die Milch und den Vanillezucker untermischen. Nach Belieben einen Teil der Creme mit einigen Tropfen Lebensmittelfarbe einfärben.

Die erkalteten Cupcakes mit der Buttercreme bestreichen und mit Süßigkeiten, Keksen und schwarzer Glasur Tiergesichter dekorieren. Wenn Sie eine Kinderparty planen, können Sie die Cupcakes bis zu einem Monat im Voraus zubereiten und in einem Plastikbehälter einfrieren. Bei Bedarf auftauen und verzieren.

Lebkuchenmänner ❄

Hier ist mein allerbestes Rezept für die Lebkuchenmänner. Kinder freuen sich immer, wenn sie den Teig selbst ausrollen und Formen ausstechen dürfen. Auch beim Dekorieren können sie helfen. Für die Gesichter brauchen Sie einen Spritzbeutel mit einer kleinen runden Tülle.

ERGIBT ETWA 20 STÜCK

90 g Butter
65 g brauner Zucker
30 g verquirltes Ei (etwa 1 Ei)
65 g Zuckerrübensirup
200 g Mehl und etwas Mehl zum Bestäuben
½ TL Backnatron
1 TL gemahlener Zimt
1 TL gemahlener Ingwer
¼ TL Lebkuchengewürz
¼ TL Salz

ZUCKERGLASUR
250 g Puderzucker
3 EL Wasser

Die Butter und den Zucker in einer Rührschüssel mit dem Handmixer schaumig schlagen, dann das Ei und den Zuckerrübensirup untermischen. Die weiteren Trockenzutaten in einer zweiten Schüssel vermengen, dann nach und nach mit der Butter-Zucker-Mischung zu einem glatten Teig verrühren. In Klarsichtfolie packen und 45 Minuten in den Kühlschrank stellen. Den Backofen auf 200 Grad vorheizen und zwei Backbleche mit Backpapier auslegen.

Den gekühlten Teig auf einer leicht bemehlten Arbeitsplatte 1,5 cm dick ausrollen.

Mit Förmchen Lebkuchenmänner ausstechen und auf die Backbleche verteilen. Wieder kaltstellen, bis sie fest sind (etwa 45 Minuten).

12–15 Minuten backen, bis sie knusprig und goldbraun sind. Aus dem Ofen nehmen und einige Minuten auf dem Backblech abkühlen lassen, dann auf einem Kuchengitter vollständig auskühlen lassen.

Für die Dekoration den Puderzucker und das Wasser mit dem Handmixer glattrühren. In den Spritzbeutel füllen und die Lebkuchenmänner damit verzieren.

Beikost-Fahrplan für die ersten 12 Monate

SCHRITT FÜR SCHRITT ZUR BEIKOST

Erste Kostproben
Wochen 1 und 2

Beginnen Sie mit Breien von Einzelzutaten (Seiten 30–35). Die erste Beikost soll halb flüssig und sehr fein sein. Gemüse kann in einem Mixer püriert werden, außer Kartoffeln, für die Sie ein Passiergerät oder einen Kartoffelstampfer verwenden. Milch ist wichtig, Ihr Baby sollte täglich 500–600 ml Muttermilch oder Säuglingsmilch trinken.

Diese Vorschläge sollen nur der Orientierung helfen. Manche Babys wollen Beikost früher als andere und jedes Baby hat sein eigenes Tempo. Kreuzen Sie nach dem Verzehr jedes Gemüses oder Obstes den lächelnden oder traurigen Smiley an, um die Vorlieben festzuhalten.

GEMÜSE

Kartoffel ☺ ☹

Karotte ☺ ☹

Süßkartoffel ☺ ☹

Butternut-Kürbis ☺ ☹

Kürbis ☺ ☹

Steckrübe ☺ ☹

Pastinake ☺ ☹

OBST

Apfel ☺ ☹

Birne ☺ ☹

Banane ☺ ☹

Avocado ☺ ☹

Papaya ☺ ☹

Dämpfen Sie Gemüse, um die wertvollen Nährstoffe zu erhalten. Sie können auch Kartoffeln, Kürbis und Butternut-Kürbis im Ofen backen, dann das Fleisch mit einem Löffel herauslösen und pürieren.

SCHRITT FÜR SCHRITT ZUR BEIKOST

Nach den ersten Kostproben
Woche 3

GEMÜSE

Brokkoli
☺ ☹

Blumenkohl
☺ ☹

Erbsen
☺ ☹

Zucchini
☺ ☹

Spinat
☺ ☹

Lauch
☺ ☹

rote Paprika
☺ ☹

grüne Bohnen
☺ ☹

OBST

Pflaume
☺ ☹

Backpflaume
☺ ☹

Trockenaprikose
☺ ☹

Pfirsich
☺ ☹

Cantaloupe-Melone
☺ ☹

Mango
☺ ☹

Manche Obstsorten wie Pfirsich werden durch das Pürieren sehr dünnflüssig, fügen Sie zum Verdicken Baby-Reisflocken bei.

Bereiten Sie von den Lieblingsbreien Ihres Babys zum Einfrieren große Portionen zu, dann haben Sie Brei zur Hand, wenn die Zeit mal knapp ist. Alle Rezepte in diesem Buch, die sich zum Einfrieren eignen, sind mit dem Symbol ❄ gekennzeichnet.

Versuchen Sie, grünes Gemüse mit süß schmeckendem Gemüse wie Süßkartoffeln, Pastinaken oder Kürbis zu vermischen.

SCHRITT FÜR SCHRITT ZUR BEIKOST

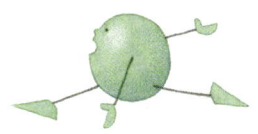

Ab 6 Monaten

Tiefkühlgemüse wie Erbsen ist für Babykost ideal, weil es bereits wenige Stunden nach der Ernte eingefroren wird und daher genauso nährstoffreich wie frisches Gemüse ist.

OBST UND GEMÜSE
- Ihr Baby kann jedes Obst und Gemüse essen. Geben Sie nun Zitrusfrüchte und Beeren, Tomaten und Gemüse wie Mais hinzu.
- Versuchen Sie Gemüse-Obst-Kombinationen wie Butternut-Kürbis und Apfel oder Spinat und Birne.

MILCHPRODUKTE
- In diesem Alter benötigen Babys 500 ml Muttermilch oder Säuglingsmilch pro Tag.
- Nun können Sie Kuhmilch mit vollem Fettgehalt zum Kochen oder für Getreidebreie verwenden, Hauptgetränk sollte aber weiterhin Muttermilch oder Säuglingsmilch bleiben.
- Ihr Baby kann andere Milchprodukte wie pasteurisierten Käse oder Joghurt essen, wählen Sie jedoch keine Magermilchprodukte.
- Babys wachsen im ersten Jahr am meisten. Sie benötigen im Verhältnis mehr Fett und weniger Ballaststoffe als Erwachsene.

EIER
- Ihr Baby kann nun Eier essen, vorausgesetzt Eiweiß und Dotter sind gut durchgegart. Omeletts und gut durchgebratenes Rührei sind schnell zubereitet und nahrhaft.

VOLLKORN, FRÜHSTÜCKSFLOCKEN UND HÜLSENFRÜCHTE
- Versuchen Sie meinen köstlichen Linsenbrei (Seite 70). Linsen sind eine gute Eiweiß- und Eisenquelle, kombinieren Sie sie jedoch mit jeder Menge Gemüse, da sie sehr ballaststoffreich sind.
- Zum Frühstück eignen sich Getreideflocken mit gekochtem oder frischem Obst.
- Kichererbsen sind ein wahres Superfood, reich an Eiweiß, Eisen und Ballaststoffen.
- Grieß ist eine gute Quelle für Vitamine und Kalium.
- Wenn Ihr Baby älter wird und besser kauen kann, starten Sie für eine festere Konsistenz mit Couscous, Quinoa und Reis.

HÄHNCHEN
- Gekochtes Hähnchen passt gut zu Wurzelgemüse wie Möhren, Süßkartoffeln und Obst wie Äpfeln oder Trauben. Das dunkle Fleisch enthält mehr Eisen.

FLEISCH
- Der Eisenvorrat, den das Baby bei der Geburt mitbekommt, ist nach etwa sechs Monaten aufgebraucht. Daher ist es wichtig, rotes Fleisch oder eine vegetarische Eisenquelle wie Linsen einzuführen. Kombinieren Sie nicht tierische Eisenquellen wie Spinat und Vollkorngetreide mit Vitamin-C-reichem Obst wie Beeren, um die Aufnahme von Eisen zu verbessern.

FISCH
- Nehmen Sie weißen Fisch wie Scholle, Kabeljau, Seelachs und Seezunge in den Speiseplan Ihres Babys auf und auch öligen Fisch wie Lachs, da dessen Omega-3-Fettsäuren für die Entwicklung des Gehirns, des Nervensystems und der Sehkraft wichtig sind.

KRÄUTER
- Da Babys in diesem Alter kein Salz zu sich nehmen sollen, verwenden Sie für mehr Geschmack frische Kräuter wie Basilikum, Thymian oder Dill.

SCHRITT FÜR SCHRITT ZUR BEIKOST

Ab 7 Monaten

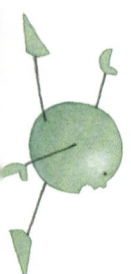

Beginnen Sie, Essen zu zerdrücken, zu reiben und klein zu schneiden, um Ihr Baby an das Kauen und gröbere Konsistenzen zu gewöhnen.

NUDELN
- Kleine Nudelsorten im Babybrei sind ein guter Weg, Ihr Baby zum Kauen anzuregen.

REIS
- Reis ist weich und kann leicht gekaut werden.

FISCH
- Führen Sie sowohl weißen, öligen als auch Fisch aus der Dose wie Thunfisch, Sardinen oder Makrelen in den Speiseplan Ihres Babys ein. (Ich bevorzuge es, Babys erst ab zwölf Monaten Fisch und Meeresfrüchte zu geben.)

BROT
- Auch Toast-, Zwieback- und feste Brotstücke sind als Fingerfood gut geeignet. Aber Achtung, manche Zwiebacksorten enthalten viel Zucker!

FRÜHSTÜCKSFLOCKEN
- Babys brauchen keine speziellen Frühstücksflocken. Eine Schale ganz normaler Haferflockenbrei mit Bananen oder Heidelbeeren und Kuhmilch ist nahrhaft und ein super Start in den Tag.

NÜSSE
- In diesem Alter können Sie Ihrem Baby Erdnussbutter und fein gemahlene Nüsse als Beikost geben, vorausgesetzt, Ihr Baby hat keine Allergie. Fein gemahlene Nüsse wie Mandeln sind sehr nahrhaft. Aufgrund der Erstickungsgefahr sollten Sie ihm jedoch keine ganzen Nüsse geben.

GEWÜRZE
- Der Geschmackssinn von Babys ist ausgeprägter, als Sie vielleicht annehmen. Scheuen Sie sich nicht, Gewürze wie Garam Masala oder mildes Curry zu verwenden. Versuchen Sie auch Gewürze wie gemahlenen Zimt, geriebene Muskatnuss oder Gewürznelkenpulver.

FINGERFOOD-IDEEN
- Toaststreifen
- Käsestücke
- geriebener Apfel
- dampfgegartes Gemüse wie Möhrensticks, Blumenkohl- und Brokkoliröschen
- Mini-Fleischbällchen (Seite 150)
- weiches Obst wie Bananen, Erdbeeren, Birnen oder Pfirsiche
- Gurkensticks
- gekochte Nudeln
- Maiskolben
- Reiskuchen
- Pitta und Hummus
- hausgemachte Fisch- oder Hähnchenstreifen (z. B. Seite 136)
- Arme-Ritter-Streifen
- Mini-Sandwiches

SCHRITT FÜR SCHRITT ZUR BEIKOST

8 und 9 Monate

MILCH
- Babys benötigen noch immer 500 ml Muttermilch oder Säuglingsmilch pro Tag, aber versuchen Sie es mit einem Trinklernbecher.

GEMÜSE
- Wenn Ihr Baby gelernt hat, gekochtes Gemüse selbst zu essen, geben Sie ihm rohes Gemüse wie Möhren.
- Gekühlte Gurkensticks sind gut beim Zahnen.
- Verwenden Sie Superfoods wie Kohl, Heidelbeeren und Kichererbsen.

OBST
- Eine halbgefrorene Banane tut dem Gaumen gut, wenn das Baby zahnt.
- Trockenfrüchte wie Aprikosen und Äpfel eignen sich gut als Fingerfood. Ich befestige den Trockenapfel mit einem Band am Hochstuhl, sodass er nicht auf den Boden fällt.
- Sie können Eislollis mit frischen Früchten selbst machen.

FLEISCH
- Sie können Ihrem Baby zarte Steakstreifen, Mini-Fleischbällchen oder Fleischkroketten geben.
- Machen Sie Wohlfühlessen wie Hirtenauflauf (Seite 153) in Mini-Portionen.

HÄHNCHEN
- Mein Sohn mochte zunächst Hähnchen nicht, aber er liebte Äpfel und so kreierte ich mein Rezept für Huhn-Apfel-Bällchen (Seite 144), das zu einem unserer Lieblingsgerichte wurde. Der Apfel verleiht dem Gericht Süße, und die Bällchen ergeben ein perfektes Fingerfood. Die Bällchen eignen sich auch zum Einfrieren.

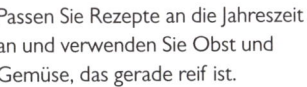

Passen Sie Rezepte an die Jahreszeit an und verwenden Sie Obst und Gemüse, das gerade reif ist.

> Wenn das Baby neun Monate alt ist, sollten Sie für Baby und Familie zusammen kochen können. Dabei könnten Sie zum Beispiel die Gerichte, die Sie dem Baby mittags und nachmittags geben, selbst zum Abendbrot essen. Lassen Sie aber immer in der Portion für das Baby das Salz weg.

SCHRITT FÜR SCHRITT ZUR BEIKOST

Ab 12 Monaten

- Ihr Baby kann nun das Meiste essen. Manche Lebensmittel wie ganze Trauben, ganze Nüsse und Früchte mit Steinen oder Kernen sollten wegen der Erstickungsgefahr noch immer vermieden werden.
- Ihr Baby kann Kuhmilch mit vollem Fettgehalt oder eine andere Milch trinken, sollte es allergisch sein. Außer vielleicht beim Schlafengehen sollte kein Fläschchen mehr verwendet werden.
- Ihr Kind kann Honig essen, vermeiden Sie jedoch zuckerhaltige Lebensmittel (wobei Honig nicht viel besser als Zucker ist).
- Ihr Baby kann nun weich gekochte Eier essen.
- Vermeiden Sie zu ballaststoffreiche Nahrungsmittel wie braunen Reis und Hülsenfrüchte. Sie füllen nur den Magen, liefern aber nicht ausreichend Nährstoffe und können die Aufnahme wichtiger Nährstoffe sogar hemmen.

REGISTER

Allergien 9, 12–17
Appetit 28, 57, 110, 165, 169
Asthma 14

Baby-led Weaning (BLW) 26
Babynahrung, angereicherte 59
   Einfrieren 19f.
   Zubereitung 17–20
Backen 19
Ballaststoffe 61, 111, 166–169
Beeren 13, 16, 25, 58ff., 109, 111, 164, 168, 214
Beikost 9
   Beginnen 9, 25
   Mengen 28, 60, 110
   Konsistenzen 28, 62f., 110
Blutarmut 166
Brot 16f., 58f., 112, 122, 209
   Sandwiches (mit Belag) 114

Cornflakes 17, 61, 114f.

Dämpfen 18, 111
Dampfkochtopf 18
Dessert 167

Eier 11ff., 16, 58, 60f., 115, 164, 167, 229
Einfrieren 19, 37, 62, 109f., 166
Eisen 28, 57, 59, 61f., 115, 166
   -mangel 62, 97, 166
Eislollis/Eis am Stiel 110f., 169
Eiweiß/Proteine 11, 58
Ernährung, vegane 12
   –, vegetarische 61, 167
Ernährungspläne 20, 52–55, 105, 161
Essen, selber 107f., 163
Esser, heikle 164f.

Faserstoffe im Gemüse 29
Fertignahrung (Gläschen) 59
Fette 11, 166
   –, gesättigte 11
   –, ungesättigte 11
Fettsäuren, essentielle 12, 61
   Omega-3- 12, 85, 140, 182, 185, 229
   Omega-6- 12
Fingerfood 9, 26, 58, 107, 110, 112
Fisch 11, 13, 58, 61, 114
   –, fetter 61, 109

Fleisch 11f.
   –, rotes 62, 109, 166
   Geflügel 58, 61f., 114
Frühchen, Ernährung 63
Frühstück 115, 164
   -flocken 16, 61, 114, 167f., 229f.
Füttern, erstes, Tipps 29

Garen in der Mikrowelle 19
Gemüse 60f., 111f.
   –, erstes 25f.
   Faserstoffe 29
   Rohkost 107, 111
   Tiefkühl- 60, 112
Getreide 11, 13
   -flocken 59, 115, 164f., 169
Gewichtskurve 57, 60, 107
Gewürze 109
Gluten 16f.

Heidelbeeren 111, 230f.
Honig 16
Hülsenfrüchte 11, 29, 58, 61
Hygiene 17

Kalium 68, 79, 89, 94
Kalzium 15, 50, 79, 108
Käse s. Milchprodukte
Kauen 28, 32, 59, 62f., 107f., 110, 114
Knoblauch 109
Kochen 18
Kohlenhydrate 11
Kolostrum 9
Kräuter 109
Kräutertee, ungesüßter 13, 57
Küchenmaschine 18
Kuhmilch 10, 13, 15, 57, 59, 107
   Fettgehalt 10f.
   Vollmilch 166

Laktose (Milchzucker) 14f.
   -intoleranz 14f.
Lebensmittel, biologische 10, 26
   –, schwer verdauliche 58

Mahlzeiten, gemeinsame 107ff., 164
Milchprodukte 11, 13, 15, 61, 108
   Käse 10f., 15, 23, 58, 62f., 110, 112, 114f., 163, 166f., 229f.

Muttermilch 9, 12, 107
   Trinkmenge 9, 12, 25, 57, 108

Naschen 165
Neurodermitis 13f.
Nudeln 62, 114
Nüsse 11, 13, 16

Obst 16, 59, 110f., 115, 167
   –, erstes 25f.
   -säfte 13, 29, 57, 108, 165, 168
   Trocken- 59, 61, 111, 167f.
Omelett 61, 115, 229
Orangen (-saft) 29, 59, 61, 111, 164, 168

Passiergerät/flotte Lotte 18
Portionsgrößen 60, 109f., 166, 169
Pürierstab 18

Reflux 17
Reis (-flocken) 25, 28
   -waffeln 114

Saaten 11, 13
Salz 20, 23, 29, 48, 59,88, 140, 143, 153, 164, 229, 231
Säuglingsmilch 9, 107
   –, hypoallergene 15
   Trinkmenge 9, 12 25, 57, 108
Schlucken 9
Sojabohnen 11
   -milch 12, 15f.
Speisen, ausgefallene 163f.
Sterilisieren 18
Stillen 9, 12, 15

Teller anrichten 109, 164ff.
Toast 58, 112, 230
Trinklernbecher 57

Übergewicht 166, 169, s.a. Gewichtskurve

Verschlucken 110
Vitamine 12, 59, 61
   Vitamin C 22f., 28f., 32, 41, 45, 59, 111, 115, 131, 164, 167f.
   Vitamin D 12, 188
Vollkornprodukte 58

Wasser 13, 29, 57, 165

Zahnen 28, 57, 108
Zahnschäden 13, 115, 168

Zink 60–63, 114, 166
Zöliakie 17
Zucker 11–14, 23, 29, 33, 45, 47, 59, 112, 114f., 164f., 169, 230, 232

Zwieback 59, 112
Zwischenmahlzeiten 163

REZEPTREGISTER

Ananas 25, 114, 168
   Möhren-Ananas-Muffins 221
Apfel 30
   –, Nektarine und Heidelbeeren 42
   Aprikosen-Apfel-Pfirsich-Brei 68
   Beefburger, saftige 202
   Bircher Müsli mit Früchten 117
   -Birnen-Haferbrei 121
   -blumen 220
   Bratäpfel mit Rosinen 125
   Butternut-Kürbis, fruchtiger 49
   Cocktail-Fleischbällchen mit Tomatensauce 204
   -Crumble 213
   Dreifruchtbrei 38
   Hähnchen auf ländliche Art mit Gemüse 90
   Hähnchen mit Süßkartoffel und Apfel 90
   Huhn- und Apfelbällchen 144
   Milchreis mit Apfel und Sultaninen 124
   Mini-Fleischbällchen mit Apfel 150
   Möhren-Apfel-Sultaninen-Muffins 218
   Mulligatawny-Hähnchen 196
   Obstmüsli, sommerliches 120
   Pfirsich, Apfel und Joghurt 64
   Pfirsich-Apfel-Erdbeer-Brei 68
   Pfirsiche, Äpfel und Birnen 38
   -Rosinen-Kompott 36
   Schweinefleisch-Apfel-Möhren-Topf 152
   und Zimt 30
Aprikosen
   –, getrocknete, mit Papaya und Birne 128
   –, Pfirsiche oder Pflaumen,

   getrocknete 36
   -Apfel-Pfirsich-Brei 68
   -Birnen-Grießpudding 65
   Frühstück, bäriges 122
   Hähnchen, fruchtiges, mit Aprikosen 89
   und Birnen 36
Avocado 36
   Hähnchensalat-Brei 89
   und Banane 41
   und Papaya 41

Banane 31
   Avocado und Banane 41
   Frühstück für Große 117
   Mango, Pfirsich und Banane 41
   -Pflaumenspeise 120
   -traum 67
   und Heidelbeeren 67
Basilikum
   Gemüse-Tomatensauce, Annabels 179
   Hähnchen mit Sommergemüse 143
   Lachs mit Süßkartoffel und Spinat 86
   Nudeln mit Tomate und Butternut-Kürbis 102
   Nudeln mit Tomaten-Basilikum-Sauce 101
   Reis, pikanter, mit Fleisch und Gemüse 149
   Sauce Neapolitana 102
   Spaghetti mit Zwei-Tomaten-Sauce 208
   Spinat-Pesto, schnelles 172
   Tomaten und Möhren mit Basilikum 72
   Zucchini-Spaghetti mit frischer Tomatensauce 175

Birne 30
   Apfel-Birnen-Haferbrei 121
   Aprikosen und Birnen 36
   Aprikosen, getrocknete, mit Papaya und Birne 128
   Aprikosen-Birnen-Grießpudding 65
   Bircher Müsli mit Früchten 117
   Butternut-Kürbis, fruchtiger 49
   Dreifruchtbrei 38
   Hähnchen mit Kürbis, Möhren und Birne 93
   Obstsalat, Mini- 124
   Pfirsiche, Äpfel und Birnen 38
Blumenkohl
   Brokkoli und Blumenkohl 34
   Gemüse in Käsesauce 130
   mit Käsesauce 81
   Möhren-Blumenkohl-Püree 35
   Nudeln mit Veggie-Sauce 158
   Spaghetti Primavera 207
   Tomaten und Möhren mit Basilikum 72
   Trio aus Blumenkohl, rotem Paprika und Mais 71
Bohnen, grüne 34
   Minestrone 80
Breie, Gemüse- 32–35, 37, 45–50
Breie, Obst- 30ff., 35f., 38, 41f.
Brokkoli
   Butternut-Kürbis-, Erbsen-, Brokkoli- und Grünkohl-Brei 50
   Lachs mit Brokkoli-Nudeln 136
   Nudeln mit Hähnchen und Brokkoli 157
   Pasta mit Gemüse und Käse 98
   Rindergeschnetzeltes mit Brokkoli 201

Scholle mit Gemüse und
   Käsesauce 82
Süßkartoffel, Zucchini und
   Brokkoli 34
-Trio 35
und Blumenkohl 34
Brot
   Arme Ritter einmal anders 122
   Brot-Butter-Pudding Annabel
      209
Buttercreme 222
Butternut-Kürbis 33
   –, Erbsen-, Brokkoli- und
      Grünkohl-Brei 50
   –, fruchtiger 49
   Gemüse-Potpourri, süßes 46
   Hähnchen mit Kürbis, Möhren
      und Birne 93
   Hähnchen Tikka Masala 197
   Kalbfleischtopf, pikanter 152
   Nudeln mit Tomate und
      Butternut-Kürbis 102
   Rinderhack mit Grünkohl und
      Butternut-Kürbis 94
   Risotto mit Butternut-Kürbis
      129
   Süßkartoffel-Kürbis-Brei 47
   -Zucchini-Gratin 79

Cornflakes
   Fischfilet mit Orangensauce 83
   Fischstäbchen, selbst gemachte
      134
   Hähnchen mit Cornflakes 147
Couscous Hähnchen mit Couscous
   147

Desserts und Kuchen
   Annabels Reiscrispie-Flecken
      219
   Apfelblumen 220
   Apfel-Crumble 213
   Aprikosen-Birnen-Grießpudding
      65
   Brot-Butter-Pudding 209
   Cupcake-Tiere 222
   Eislollis 214
   Eislollis, fruchtige 126
   Lebkuchenmänner 225
   Mini-Käsekuchen 210
   Möhren-Ananas-Muffins 221
   Möhren-Apfel-Sultaninen-
      Muffins 218
   Plumpudding 217

Dill
   Lachsbällchen 140
   Penne mit Lachs, Tomate und
      Dill 185
   Scholle mit Gemüse und
      Käsesauce 82
Dressing 205

Eier
   Käse-Tomaten-Frühlings-
      zwiebel-Omelett 116
   Lieblingspfannkuchen 119
   Lieblings-Rührei 123
   Omelett, spanisches 173
   Plumpudding 217
   Thunfisch-Pita-Taschen 188
Erbsen 36
   Backofen-Risotto 170
   Butternut-Kürbis-, Erbsen-,
      Brokkoli- und Grünkohl-Brei
      50
   Eintopf, bunter 130
   Fish-Pie mit Dill 183
   Gemüse in Käsesauce 130
   Hähnchen mit Couscous 147
   Hähnchen mit Sommergemüse
      143
   Hähnchen-Kartoffel-Auflauf 195
   Lachspäckchen mit cremigen
      Muschelnudeln 135
   Lauch-Süßkartoffel-Erbsen-Brei
      48
   Minestrone 80
   Möhren-Erbsen-Brei 49
   Nasi Goreng, vegetarisches 171
   Omelett, spanisches 173
   Reis, pikanter, mit Fleisch und
      Gemüse 149
   Scholle mit Gemüse und
      Käsesauce 82
   Spaghetti Primavera 207
   Süßkartoffel mit Spinat und
      Erbsen 75
   Thai-Hähnchen mit Nudeln 192
   Zucchini-Erbsenbrei 77
Erdbeeren 65, 117, 120, 128, 165,
   213
   Erdbeer-Sorbet-Lollis 214
   Obstsalat, Mini- 124
   Pfirsich-Apfel-Erdbeer-Brei 68
Erdnussbutter Satay-Huhn 194

Fisch
   Fischfilet mit Orangensauce 83

Fischstäbchen, selbst gemachte
   134
Fish-Pie mit Dill 183
Kabeljaufilet mit Süßkartoffel 86
Käse-Kabeljau mit Möhren 184
Lachs mit Brokkoli-Nudeln 136
Lachs mit Möhren und Tomaten
   85
Lachsbällchen 140
Lachsküchlein 182
Lachspäckchen mit cremigen
   Muschelnudeln 135
Mamas Fish-Pie 186
Penne mit Lachs, Tomate und
   Dill 185
Scholle mit Gemüse und
   Käsesauce 82
Seezungenstreifen mit
   Weintrauben 138
Thunfisch-Brötchen, gebackene
   188
Thunfischnudeln, überbackene
   189
Thunfisch-Pita-Taschen 188
Frühlingszwiebeln
   Käse-Tomaten-
      Frühlingszwiebel-Omelett
      116
   Lachsbällchen 140
   Lachsküchlein 182
   Lachspäckchen mit cremigen
      Muschelnudeln 135
   Seezungenstreifen mit
      Weintrauben 138
   Thai-Hähnchen mit Nudeln 192
   Thunfisch-Brötchen, gebackene
      188
   Thunfisch-Pita-Taschen 188
Frühstück
   Apfel-Birnen-Haferbrei 121
   Arme Ritter einmal anders 122
   Bircher Müsli mit Früchten 117
   Frühstück für Große 117
   Frühstück, bäriges 122
   Käse-Rührei 123
   Käse-Tomaten-
      Frühlingszwiebel-Omelett
      116
   Lieblings-Rührei 123

Gemüse
   Blumenkohl mit Käsesauce 81
   Butternut-Kürbis-Zucchini-
      Gratin 79

Eintopf, bunter 130
Gemüse in Käsesauce 130
Gemüsebratlinge, feine 176
Gemüsebrühe 48
Gemüse-Potpourri, süßes 46
Gemüse-Tomatensauce, Annabels 179
Lauch-Kartoffelbrei 79
Linsenbrei 70
Linsen-Gemüsebrei 131
Minestrone 80
Risotto mit Butternut-Kürbis 129
Süßkartoffel mit Spinat und Erbsen 75
Süßkartoffel, gebackene, mit Orange 71
Süßkartoffel-Spinat-Stampf 133
Tomaten und Möhren mit Basilikum 72
Trio aus Blumenkohl, rotem Paprika und Mais 71
Vollkornreis, kräftiger, mit Gemüse 132
Zucchini, rote Paprika, Möhre und Spinat 76
Zucchini-Erbsen-Brei 77

Getreide- und Frühstücksflocken
Apfel-Birnen-Haferbrei 121
Bircher Müsli mit Früchten 117
Frühstück, bäriges 122
Obstmüsli, sommerliches 120

Grünkohl
Butternut-Kürbis-, Erbsen-, Brokkoli- und Grünkohl-Brei 50
Rinderhack mit Grünkohl und Butternut-Kürbis 94
Rindfleisch-Kroketten mit buntem Gemüse 148

Hähnchen, fruchtiges, mit Aprikosen 89
–, gegrilltes 191
–, mariniertes, vom Blech 199
auf ländliche Art mit Gemüse 90
-brei, erster 88
-brühe 88
Bumm-Bumm- 146
Huhn- und Apfelbällchen 144
-Kartoffel-Auflauf 195
mit Cornflakes 147
mit Couscous 147
mit Kichererbsen und Tomaten 93

mit Kürbis, Möhren und Birne 93
mit Sommergemüse 143
mit Süßkartoffel und Apfel 90
mit Wintergemüse 152
Mulligatawny- 196
Nudeln mit Hähnchen und Brokkoli 157
-salat-Brei 89
Satay-Huhn 194
Thai-Hähnchen mit Nudeln 192
Tikka Masala 197

Heidelbeeren
Apfel, Nektarine und Heidelbeeren 42
Banane und Heidelbeeren 67

Joghurt
Bananen-Pflaumen-Speise 120
Bircher Müsli mit Früchten 117
Frühstück für Große 117
Hähnchensalat-Brei 89
Lauch-Kartoffelbrei 79
Obst, frisches, mit Joghurt-Dip 128
Pfirsich, Apfel und Joghurt 64

Kalbfleisch
Kalbfleischtopf, pikanter 152
Mini-Hirtenauflauf 153

Kartoffel 33
Fish-Pie mit Dill 183
Gemüsebratlinge, feine 176
Gemüse-Potpourri, süßes 46
Hähnchen-Kartoffel-Auflauf 195
Lachsbällchen 140
Lachsküchlein 182
Lauch-Kartoffelbrei 79
Mamas Fish-Pie 186
Minestrone 80
Mini-Hirtenauflauf 153
Mini-Minutensteaks 200
Omelett, spanisches 173
Rindfleisch-Kroketten mit buntem Gemüse 148
Steak, erstes, mit Kartoffelbrei und Bratensauce 151
Süßkartoffel mit Spinat und Erbsen 75
Süßkartoffel-Spinat-Stampf 133
Zucchini-Erbsenbrei 77

Käse
Blumenkohl mit Käsesauce 81
Champignon-Käse-Sauce 189

Drei-Käse-Sauce 205
Farfalle mit Kirschtomaten und Mozzarella 205
Fish-Pie mit Dill 183
Gemüse in Käsesauce 130
Hähnchen-Kartoffel-Auflauf 195
-Kabeljau mit Möhren 184
Mamas Fish-Pie 186
Nudeln mit Hähnchen und Brokkoli 157
Nudeln mit Veggie-Sauce 158
Omelett, spanisches 173
Pasta mit Gemüse und Käse 98
Penne mit Lachs, Tomate und Dill 185
Pizza, Fast-Food-, selbst gemacht 180
Risotto mit Butternut-Kürbis 129
-Rührei 123
Scholle mit Gemüse und Käsesauce 82
Spinat-Pesto, schnelles 172
Thunfisch-Brötchen, gebackene 188
-Tomaten-Frühlingszwiebel-Omelett 116

Knoblauch
Backofen-Risotto 170
Cocktail-Fleischbällchen mit Tomatensauce 204
Gemüsebratlinge, feine 176
Gemüse-Tomatensauce, Annabels 179
Hähnchen mit Kichererbsen und Tomaten 93
Hähnchen mit Sommergemüse 143
Hähnchen mit Wintergemüse 142
Hähnchen, fruchtiges, mit Aprikosen 89
Hähnchen, gegrilltes 191
Hähnchen, mariniertes, vom Blech 199
Lachs mit Brokkoli-Nudeln 136
Lieblingsrührei 123
Mini-Hirtenauflauf 153
Nasi Goreng, vegetarisches 171
Nudeln mit Gemüsebolognese 155
Penne mit Lachs, Tomate und Dill 185

Reis, pikanter, mit Fleisch und Gemüse 148
Rindergeschnetzeltes mit Brokkoli 201
Rinderhack mit Grünkohl und Butternut-Kürbis 94
Rindfleischkroketten mit buntem Gemüse 148
Satay-Huhn 194
Sauce Bolognese mit Auberginen 157
Sauce Bolognese, erste 99
Sauce Neapolitana 103
Spaghetti mit Zwei-Tomaten-Sauce 208
Spaghetti Primavera 207
Spinat-Pesto, schnelles 172
Süßkartoffel mit Spinat und Erbsen 75
Thai-Hähnchen mit Nudeln 192
Zucchini-Spaghetti mit frischer Tomatensauce 175

Lauch
Butternut-Kürbis-Zucchini-Gratin 79
Gemüsebratlinge, feine 176
Hähnchen mit Wintergemüse 152
Hähnchen-Kartoffel-Auflauf 195
-Kartoffelbrei 79
Lachs mit Süßkartoffel und Spinat 86
Minestrone 80
Nudeln mit Gemüse-Bolognese 155
Rindfleisch-Pastinaken-Püree 95 Schmorfleisch mit Süßkartoffel 97
Scholle mit Gemüse und Käsesauce 82
Schweinefleisch-Apfel-Möhren-Topf 152
Süßkartoffel mit Spinat und Erbsen 75
-Süßkartoffel-Erbsenbrei 48
Linsenbrei 70
Linsen-Gemüsebrei 131
Loolis
Eislollis 214
Eislollis, fruchtige 126

Mais
Eintopf, bunter 130

Maiskolben 37
Nasi Goreng, vegetarisches 171
Omelett, spanisches 17
Thai-Hähnchen mit Nudeln 192
Thunfisch-Brötchen, gebackene 188
Trio aus Blumenkohl, rotem Paprika und Mais 71
Mango 35
Eislollis, fruchtige 126
Mango, Pfirsich und Banane 41
Obstsalat, Mini- 124
Marinaden
Grill- 191
Hähnchen- 199
Satay- 194
Teriyaki- 191
Thai- 192
Mascarpone
Drei-Käse-Sauce 205
Mini-Käsekuchen 210
Nudeln mit Hähnchen und Brokkoli 157
Melone, Cantaloupe- 35
Eislollis, fruchtige 126
Möhre 32
-Ananas-Muffins 221
-Apfel-Sultaninen-Muffins 218
-Blumenkohlpüree 35
-brei, cremiger 33
-Erbsenbrei 49
Fish-Pie mit Dill 183
Gemüse in Käsesauce 130
Gemüsebratlinge, feine 176
Gemüse-Potpourri, süßes 46
Gemüse-Tomatensauce, Annabels 179
Hähnchen auf ländliche Art mit Gemüse 90
Hähnchen mit Kichererbsen und Tomaten 93
Hähnchen mit Kürbis, Möhren und Birne 93
Hähnchen mit Wintergemüse 152
Kalbfleischtopf, pikanter 152
Käse-Kabeljau mit Möhren 184
Lachs mit Möhren und Tomaten 85
Linsenbrei 70
Linsen-Gemüsebrei 131
Minestrone 80
Mini-Hirtenauflauf 153
Mulligatawny-Hähnchen 196

Nudel-Konfetti 154
Nudeln mit Veggie-Sauce 158
Pasta mit Gemüse und Käse 98
Reis, pikanter, mit Fleisch und Gemüse 149
Rindergeschnetzeltes mit Brokkoli 201
Rindfleisch-Kroketten mit buntem Gemüse 148
Rindfleisch-Pastinaken-Püree 95
Sauce Bolognese, erste 99
Sauce Neapolitana 102
Scholle mit Gemüse und Käsesauce 82
Schweinefleisch-Apfel-Möhren-Topf 152
Spaghetti Primavera 207
Süßkartoffel-Spinat-Stampf 133
Tomaten und Möhren mit Basilikum 72
Vollkornreis, kräftiger, mit Gemüse 132
Zucchini, rote Paprika, Möhre und Spinat 76
Müsli
Bircher Müsli mit Früchten 117
Obstmüsli, sommerliches 120

Nasi Goreng, vegetarisches 171
Nektarine
Apfel, Nektarine und Heidelbeeren 42
Nudeln
Farfalle mit Kirschtomaten und Mozzarella 205
-Konfetti 154
Lachs mit Brokkoli-Nudeln 136
Lachspäckchen mit cremigen Muschelnudeln 135
Minestrone 80
mit Gemüse-Bolognese 155
mit Hähnchen und Brokkoli 157
mit Tomate und Butternut-Kürbis 102
mit Tomaten-Basilikum-Sauce 101
mit Veggie-Sauce 158
Pasta mit Gemüse und Käse 98
Penne mit Lachs, Tomate und Dill 185
Popeye-Pasta 101
Sauce Bolognese, erste 99
Sauce Neapolitana 102

Spaghetti mit Zwei-Tomaten-
  Sauce 208
Spaghetti Primavera 207
Spinat-Pesto, schnelles 172
Thai-Hähnchen mit Nudeln 192
Thunfischnudeln, überbackene
  189

Obst
  Aprikosen, getrocknete, mit
    Papaya und Birne 128
  Aprikosen-Apfel-Pfirsich-Brei
    68
  Aprikosen-Birnen-Grießpudding
    65
  Banane und Heidelbeeren 67
  Bananentraum 67
  Bratäpfel mit Rosinen 125
  Dreifruchtbrei 32
  Eislollis, fruchtige 126
  Milchreis mit Apfel und
    Sultaninen 124
  Obst, frisches, mit Joghurt-Dip
    128
  Obstbrei mit Milch 32
  Obstsalat, Mini- 124
  Pfirsich, Apfel und Joghurt 64
  Pfirsich-Apfel-Erdbeer-Brei 68

Omelett
  Käse-Tomaten-
    Frühlingszwiebel-Omelett
    116
  Omelett, spanisches 173

Orange (Saft)
  Apfel-Crumble 213
  Bananentraum 67
  Drei-Frucht-Brei 38
  Eislollis 214
  Fischfilet mit Orangensauce 83
  Kabeljaufilet mit Süßkartoffel 86
  Obstsalat, Mini- 124
  Schmorfleisch mit Süßkartoffel
    97
  Süßkartoffel, gebackene, mit
    Orange 71

Paniertes
  Bumm-Bumm-Hähnchen 146
  Hähnchen mit Cornflakes 147
  Rindfleisch-Kroketten mit
    buntem Gemüse 148

Papaya 32
  Aprikosen, getrocknete, mit
    Papaya und Birne 128

  Avocado und Papaya 41
Paprika, rote 37
  Beefburger, saftige 202
  Eintopf, bunter 130
  Hähnchen mit Sommergemüse
    143
  Mini-Hirtenauflauf 153
  Nasi Goreng, vegetarisches 171
  Omelett, spanisches 173
  Reis, pikanter, mit Fleisch und
    Gemüse 149
  Trio aus Blumenkohl, rotem
    Paprika und Mais 71
  Zucchini, rote Paprika, Möhre
    und Spinat 76

Passionsfrucht
  Pfirsich-Passionsfrucht-Lollis
    214

Pastinake 32
  Gemüse-Potpourri, süßes 46
  Hähnchen auf ländliche Art mit
    Gemüse 90
  Rindfleisch-Pastinaken-Püree
    95
  -Spinat-Süßkartoffel-Brei 45
  Süßkartoffel, Steckrübe und
    Pastinake 33

Pfirsich 35
  –, Äpfel und Birnen 38
  –, Apfel und Joghurt 64
  -Apfel-Erdbeer-Brei 68
  Aprikosen-Apfel-Pfirsich-Brei
    68
  Butternut-Kürbis, fruchtiger 49
  Eislollis 214
  Frühstück, bäriges 122
  Mango, Pfirsich und Banane 41

Pflaume 35
  Bananen-Pflaumen-Speise 120
  Plumpudding 217

Pilze
  Champignon-Käse-Sauce 189
  Gemüsebratlinge, feine 176
  Gemüse-Tomatensauce,
    Annabels 179
  Nudeln mit Gemüse-Bolognese
    155
  Omelett, spanisches 173
  Pizza, Fast-Food-, selbst
    gemacht 180
  Sauce Bolognese mit Aubergine
    157
  Schmorfleisch mit Süßkartoffel
    97

  Steak, erstes, mit Kartoffelbrei
    und Bratensauce 151
Pizza, Fast-Food-, selbst gemacht
  180

Reis
  Backofen-Risotto 170
  Milchreis mit Apfel und
    Sultaninen 124
  Nasi Goreng, vegetarisches 171
  Reis, pikanter, mit Fleisch und
    Gemüse 149
  Rindergeschnetzeltes mit
    Brokkoli 201
  Risotto mit Butternut-Kürbis 129
  Seezungenstreifen mit
    Weintrauben 138
  Vollkornreis, kräftiger, mit
    Gemüse 132

Rindfleisch
  Beefburger, saftige 202
  Cocktail-Fleischbällchen mit
    Tomatensauce 204
  -Kroketten mit buntem Gemüse
    148
  Mini-Fleischbällchen mit Apfel
    150
  Mini-Minutensteaks 200
  -Pastinaken-Püree 95
  Reis, pikanter, mit Fleisch und
    Gemüse 149
  Rindergeschnetzeltes mit
    Brokkoli 201
  Rinderhack mit Grünkohl und
    Butternut-Kürbis 94
  Sauce Bolognese, erste 99
  Schmorfleisch mit Süßkartoffel
    97
  Steak, erstes, mit Kartoffelbrei
    und Bratensauce 151

Rosinen
  Apfel-Rosinen-Kompott 36
  Bratäpfel mit Rosinen 125
  Brot-Butter-Pudding Annabel 209
  Frühstück, bäriges 122
  Milchreis mit Apfel und
    Sultaninen 124
  Möhren-Apfel-Sultaninen-
    Muffins 218
  Obstmüsli, sommerliches 120

Sauce Bolognese
  Nudeln mit Gemüse-Bolognese
    155

Sauce Bolognese mit Aubergine 157
Sauce Bolognese, erste 99
Schokolade Annabels Reiscrispie-Flecken 219
Schweinefleisch-Apfel-Möhren-Topf 152
Sellerie
Kalbfleischtopf, pikanter 152
Linsenbrei 70
Linsen-Gemüsebrei 131
Minestrone 80
Nudeln mit Gemüse-Bolognese 155
Rinderhack mit Grünkohl und Butternut-Kürbis 94
Sauce Bolognese, erste 99
Spinat 37
Lachs mit Süßkartoffel und Spinat 86
Pastinaken-Spinat-Süßkartoffel-Brei 45
Popeye-Pasta 101
Spinat-Pesto, schnelles 172
Süßkartoffel mit Spinat und Erbsen 75
Süßkartoffel-Spinat-Stampf 133
Zucchini, rote Paprika, Möhre und Spinat 76
Steckrübe
Gemüse-Potpourri, süßes 46
Süßkartoffel, Steckrübe und Pastinake 33
Süßkartoffel, gebackene, mit Orange 71
–, Steckrübe und Pastinake 33
–, Zucchini und Brokkoli 34
aus dem Backofen 45
Hähnchen mit S. und Apfel 90
Hähnchen, fruchtiges, mit Aprikosen 89
Kabeljaufilet mit S. 86
-Kürbis-Brei 47
Lachs mit S. und Spinat 86
Lauch-Süßkartoffel-Erbsen-Brei 48
Linsenbrei 70
Linsen-Gemüsebrei 131
mit Spinat und Erbsen 75
Pastinaken-Spinat-Süßkartoffel-Brei 45
Schmorfleisch mit Süßkartoffel 97
-Spinat-Stampf 133
-Spiralen 172

Thymian
Bumm-Bumm-Hähnchen 146
Hähnchen auf ländliche Art mit Gemüse 90
Hähnchen mit Wintergemüse 152
Huhn- und Apfelbällchen 144
Mini-Fleischbällchen mit Apfel 150
Rindfleisch-Kroketten mit buntem Gemüse 148
Sauce Bolognese, erste 99
Steak, erstes, mit Kartoffelbrei und Bratensauce 151
Tomaten 37
Cocktail-Fleischbällchen mit Tomatensauce 204
Farfalle mit Kirschtomaten und Mozzarella 205
Gemüse-Tomatensauce, Annabels 179
Hähnchen mit Kichererbsen und Tomaten 93
Hähnchen, fruchtiges, mit Aprikosen 89
Hähnchensalat-Brei 89
Hähnchen Tikka Masala 197
Käse-Tomaten-Frühlingszwiebel-Omelett 116
Lachs mit Möhren und Tomaten 85
Lachs mit Süßkartoffel und Spinat 86
Lieblings-Rührei 123
Linsen-Gemüsebrei 131
Mamas Fish-Pie 186
Mini-Hirtenauflauf 153
Mulligatawny-Hähnchen 196
Nudel-Konfetti 154
Nudeln mit Gemüse-Bolognese 155
Nudeln mit Tomate und Butternut-Kürbis 102
Nudeln mit Veggie-Sauce 158
Omelett, spanisches 173
Penne mit Lachs, Tomate und Dill 185
Pizza, Fast-Food-, selbst gemacht 180
Reis, pikanter, mit Fleisch und Gemüse 149
Rinderhack mit Grünkohl und Butternut-Kürbis 94

Risotto mit Butternut-Kürbis 129
Sauce Bolognese mit Aubergine 157
Sauce Bolognese, erste 99
Sauce Neapolitana 102
Spaghetti mit Zwei-Tomaten-Sauce 208
Steak, erstes, mit Kartoffelbrei und Bratensauce 151
Thunfischnudeln, überbackene 189
Thunfisch-Pita-Taschen 188
Tomaten und Möhren mit Basilikum 72
Tomaten-Basilikumsauce 101
Vollkornreis, kräftiger, mit Gemüse 132
Zucchini-Spaghetti mit frischer Tomatensauce 175
Trockenobst 36
Annabels Reiscrispie-Flecken 219
Aprikosen, getrocknete, mit Papaya und Birne 128

Wurst/Schinken
Omelett, spanisches 173
Pizza, Fast-Food-, selbst gemacht 180

Zucchini 34
–, rote Paprika, Möhre und Spinat 76
Butternut-Kürbis-Zucchini-Gratin 79
-Erbsenbrei 77
Gemüse in Käsesauce 130
Gemüse-Tomatensauce, Annabels 179
Hähnchen mit Sommergemüse 143
Nudel-Konfetti 154
Pizza, Fast-Food-, selbst gemacht 180
Rindfleisch-Kroketten mit buntem Gemüse 148
-Spaghetti mit frischer Tomatensauce 175
Spaghetti Primavera 207
Süßkartoffel, Zucchini und Brokkoli 34
Vollkornreis, kräftiger, mit Gemüse 132

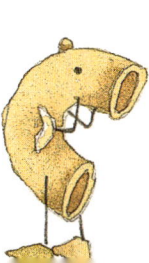

ANNABEL KARMEL –
25 JAHRE REZEPTE UND RATSCHLÄGE

Annabel Karmel ist dreifache Mutter und in Großbritannien die unumstrittene Nummer eins in Sachen Kinderkochbücher. Ihre Bücher sind internationale Bestseller, sie gilt als führende Expertin wenn es darum geht, leckere und gesunde Mahlzeiten für Babys, Kinder und Familien zu zaubern.

Seit dieses Buch, dem 40 weitere Titel folgten, vor 25 Jahren auf den Markt kam, hat Annabel Karmel weltweit über 4 Millionen Bücher verkauft. Im Jahr 2006 wurde sie mit dem britischen Verdienstorden MBE ausgezeichnet.

Für besonders aktive Familien bieten sich Annabels Apps an. Weltweit verlassen sich Mütter auf *Annabels Essential Guide to Feeding Your Baby & Toddler* mit über 220 Rezeptideen.

Brandneu ist Annabels Koch-App für Familien. Sie liefert nicht nur viele einfache, leckere Rezepte, sondern auch ein zusätzliches Feature, das speziell auf die Fantasie der Kinder abzielt, nach dem Motto »Kids Rule the Kitchen«.

Zu finden sind Annabels Produkte in Großbritannien auch im Supermarkt in Form von Bio-Babybreis und Tiefkühl-Mahlzeiten für Kleinkinder.

Kürzlich erschienen: Das *Busy Mum's Cookbook* – mit einfachen, köstlichen Rezepten für die ganze Familie.

Falls die Geburt Ihres Kindes Sie auf die Idee gebracht hat, sich beruflich zu verändern, sehen Sie sich Annabel Karmels Business-Ratgeber *Mumpreneur* an. Es vereint ihre besten Tipps und die einer Vielzahl anderer Business-Mums, ein wirklich inspirierendes Buch.

Für noch mehr exklusive Rezepte, Ratschläge und Tipps registrieren Sie sich kostenlos für Annabels Club auf **www.annabelkarmel.com**. Sie finden Annabel Karmel natürlich auch auf Facebook, Twitter und Instagram!